物語でたどる仏教の世界

3

死んで生きる物語

山口辨清

大法輪閣

物語でたどる仏教の世界③

死んで生きる物語

【死んで生きる物語　目次】

指鳥のしたこと
―小事こそ大事のもとなり―

昔、この世界の生き物はすべて海の中にいました。ところが向こう見ずな連中がぞろぞろと水から出ていき、地を這《は》うものと空を飛ぶものに分かれました。やがて地を這うものの中から、一匹の長大な龍が現れ、空を飛ぶものの中からは、一羽の巨大なガルダ鳥《ちょう》が現れました。

ガルダはレルティと呼ばれる短剣のような形の岩山の、切っ先にあたるところに住み着きました。巨大な城砦《じょうさい》でもあるこの岩山は、世界の中心を支えるシュメール山の支峰の一つで、主峰シュメールは、天界の彼方に連なっています。

一方の龍はシュメール山の麓、広大な森林や草原に囲まれた、クンデンと呼ばれる湖に住み着きました。クンデンはいつも紺碧《こんぺき》の水を湛《たた》え、どんな嵐の時にも水面の乱れることがなく、大地の鏡とも呼ばれました。

レルティの岩山とクンデン湖の間にはシカやガゼルが住み着き、霧に覆われた山麓から森林地帯にかけてトラやヒョウ、クマやサルそれにワシやタカ、セキレイなどのさまざまな鳥たちも住んでいました。これらの生き物は巨大な龍とガルダの威厳を恐れ、捧《ささ》げ物を運んでは服従していました。そして地を這うものは龍に、空を飛ぶものはガルダに従うという習わしが、いつの間にかできたのです。

さて、森林に続く傾斜地に、一番《ひとつが》いの指鳥《ゆびとり》が住んでいました。この指鳥はすべての鳥の中で最も力の弱い鳥でした。なぜ指鳥というかといえば、この鳥の身体はほとんどの鳥や獣の、指ほどの大きさしかなかったからです。

この鳥の無力なことといったら、そこらの木の枝や草の陰を這っている虫にでも負けてしまいそうなほどでした。それを知っているこれも小さな身体のトビネズミがやってきて、毎回のように指鳥夫婦の生む卵を取り上げて食べました。指鳥の夫婦は、いつかは雛《ひな》が孵《かえ》って家族が増えることを願っていたので、哀しくなってトビネズミに頼みました。

「ネズミさん。あなたがお腹を空かせているのはよくわかりますが、せめて一年に一度は雛が孵るように、卵を少し残しておいていただけませんか」

トビネズミは返事もせず、どんどん卵を食べ尽くします。とうとう指鳥の夫婦は、それ以上の辛抱ができなくなりました。

指鳥の夫婦は、長い間働いてようやくためたサフランの粉末を袋に入れ、それを持って隣の白ウサギの家に行きました。

「ウサギさん、どうか私たちの苦しみ、トビネズミのすることを、大地の主《あるじ》である龍王さまにお伝え願えませんか。サフラン粉の半分は、あなたのために持ってきたのです」

「なるほど、あなたたちは鳥だが、あんなチビのトビネズミのことを、ガルダ陛下に訴えても仕方ないからね。私は龍王陛下のそばへ行くのは身がすくむ思いだが、肉を食べないものどうし、何とか力になりましょう。私にお礼の品なんか要りませんよ」

そこで白いウサギははるばると丘陵を越え、龍の前に出て指鳥からの捧げ物を置き、うやうやしく言いました。

「地上を行くすべての者の王者である龍王陛下、陛下の治めておられる大地で、そのご威徳を損なうような悪事が行われております。と申しますのも、邪悪なトビネズミが哀れにも無力な指鳥の卵を奪い続け、指鳥の夫婦は生きる望みを失いかけておるのでございます。どうかトビネズミを罰して、正義を示して下さいませ」

「小さな草の種を食べるしかないネズミが、時には小さくても滋養のある卵を食べるのは当たり前のことではないか。小賢《こざか》しいウサギめ、その真っ赤な涙目は何だ！　地上の同類を裏切り、空に浮かぶ異類の者どものための空涙《そらなみだ》か？」

龍王は怒り、尾でウサギを跳ね飛ばしました。ウサギは魂も消し飛んで逃げ帰り、指鳥に言いました。

「どうやらあんたの頼みは無理なようだよ。陛下はサフラン粉を受け取られたが、私はひどく叱られてしまったのだ。どうだね、あなたたちのすがるのは、やはりガルダ陛下のほうが良いだろう。いくら小さくても空を飛ぶものだから、ガルダ陛下のほうが親身に考えて下さると思うんだが……」

「有り難う、ウサギさん。私たちも初めはそう思ったのですが……もう一度よく考えてみます。あなたには、本当にご迷惑をかけてしまい、すみませんでした」

やはりウサギの言う通り、空を飛ぶものどうしでなければ、わかってもらえないのだろうか……でもそれでは飛ぶものと違うものの争いを、引き起こしてしまうのではないか？　指鳥夫婦は最初から、それを心配していたのでした。

——そうだ、何でも知っていて、いつも高いところで世界を見つめているトンビさんが、どう言うのか聞いてみよう……。

夫婦は再び長い時間をかけて働き、今度は優曇華《うどんげ》の粉末を袋一杯ほど集めました。夫婦はその捧げ物を持って、少し離れた小高い丘陵に住むトンビのところへ行きました。このトンビはいつも空の上で瞑想《めいそう》し、考え深く思いやりのある鳥だと、評判が高かったからでした。

「トンビさん、トビネズミが卵を食べるのを止めさせるために、ガルダ陛下にお願いしたいと思いますが、どうでしょう。この優曇華の粉の半分は、あなたへのお礼です」

「お礼などは要りません。動くものを食べぬよう心がける者どうし、できるだけお役に立ちましょう。ガルダ陛下なら、きっとあなた方の気持ちをわかって下さると思いますよ」

そういってトンビはレルティの尖った切っ先へと舞い上がり、ガルダ陛下の前へ出て優曇華の粉を置き、恭《うやうや》しく言いました。

「空を舞うものの王者ガルダ陛下、羽根あるもののうち、虫たちを除いては最も小さな指鳥が、地を這うものの侵害に苦しんでおります。小さい問題ではありますが、陛下のご威徳を損なうことには変わりございません。どうかトビネズミの無慈悲な行いを止めさせて下さいませ」

「何だと！　屍肉《しにく》喰らいのトンビ風情《ふぜい》が、我が治世に難癖《なんくせ》をつけるというのか？　どうせおまえたちの考えることなど、動くものを捕らえるのは手間がかかって面倒だ、可哀相だなどと屁理屈をつけ、死んだもので済ませておけば手軽だと思っているのだろう。しかし花や草の実一粒にも、必ず生命はあるのだ。生命あるものは生命を糧《かて》にせねば生きられぬのが、この世のことわりだぞ。トビネズミを咎《とが》めたてて、この世のことわりを歪めよと言うのか！」

ガルダ陛下の逆鱗《げきりん》に触れ、トンビは危うく飛び方も忘れてしまいそうになるほど慌て、レルティからほうほうのていで退散しました。

「指鳥さん、私はできる限り努力しました。陛下は捧げ物は受け取られたが、指鳥さんや私が正しいとは考えておられません。他の解決方法を考えるほうがいいでしょう」

指鳥の夫婦はすっかり気落ちしてしまいました。身体が小さく生命も短い身で、もう一度せっせと働いて捧げ物を準備してみても、必ず願いが叶う相手に頼めるという見通しは立ちません。夫の指鳥が妻に言いました。

「この世には、どんな無力なものにも生きる意味があり、やるべきことがある、そう思って生きてきた。そしてすべてのもののその思いを認め、一生を全《まっと》うできるようにと、龍王陛下やガルダ陛下はこの世を分けもって治めておられると思っていたが、どうやら私が間違っていたようだ。こうなったら陛下などあてにせず、生命のある限りしたい放題をして生き続けて、自分たちの生命の終わりが指鳥種族の終わりとなるのを待つか、あるいは生命をかけてトビネズミと戦って卵を孵す機会を摑むか、二つに一つの選択だと思うんだが、おまえはどうかね？」

妻の指鳥は、頷いて言いました。

「私たちは争いごとを避けたかったけれど、うまく運びませんでした。あなたのおっしゃるように、二つに一つを選ぶしかないのなら、私は雛たちのために、力を合わせて戦うほうを選びます」

そこで指鳥夫婦は、硬い枯れ草の茎《くき》で弓矢を作り、トビネズミがやって来るのを巣のすぐ前の草むらの陰に隠れて待ち伏せました。

トビネズミが腹を空かせ、指鳥の卵がないかとやって来ました。実はトビネズミの身体も指鳥よりほんの少し大きいだけなのです。しかしその顎《あご》には鋭い牙が、前足にもしっかりした爪があって、そのどちらにかかっても、指鳥の生命は一瞬の間に奪われてしまうでしょう。しかもネズミはたくさんの敵たちから身を護るために、それはそれは素早い身のこなしをするのです。

妻は卵を自分の身体で庇《かば》い、夫は恐怖に毛が逆立つ思いを堪《こら》え、敵が間近に迫るまで待ちました。ネズミのよく光る目が真正面から自分の方へ向けられたと思った刹那《せつな》、彼は矢を放ちました。矢は過《あやま》たず敵の目に当たりました。

あまりの痛さに、トビネズミはその場で飛び上がりました。はずみで指鳥の巣の中に飛び込み、巣とともに地面に落ちてまた飛び上がり、先も見ずに突っ走りました。

「あっ、大変だ！」

指鳥夫婦はネズミはそっちのけで、巣の中の卵を助け出そうとしました。しかしなんということか、ネズミとともに地に落ちた巣の中で、卵はすべて無惨にも潰《つぶ》れていました。

指鳥たちが悲嘆の声をあげている間にも、痛みに耐えかねたトビネズミは闇雲《やみくも》に走り回り、そのまま土手を転げ落ちました。

土手の下の穴から、モグラが顔を出しました。そこへ落ちてきたトビネズミの爪が、その目を引っ掻いてしまいました。痛さにたまらず、モグラはトビネズミを跳ね飛ばし、目を瞑《つむ》ったまま突進しました。やがてモグラは自分が太陽の光の下を走っているのに気づき、いっそう慌てました。そのまま暗い日陰へ飛び込みましたが、そこは川のすぐそばで、泥の中でイノシシがぬた打っていました。モグラのせいで泥がイノシシの目の中に入り、イノシシはその痛さに跳ね回り、目を洗おうとして川の淵へ飛び込みました。

淵の中では若い龍がゆったりと全身をのばし、きれいな水を楽しんでいました。ところが、そこへ重たいイノシシの身体がぶつかってきたからたまりません。若い龍は驚き、次の瞬間水面から大空へと飛び上がりました。煽《あお》りを食らったイノシシは岸辺に投げ上げられ、龍は闇雲に水を巻いて空高く駆けのぼり、レルティの頂上にぶつかりました。振り回した尾が巨鳥の巣にまともに当たったからたまりません。巣の中にあった一個の大きな卵が岩山を転げ落ち、潰れてしまったのです。

それを見たガルダ陛下は怒り心頭に発して、脚の巨大な鉤爪《かぎつめ》で龍の頭を摑みました。

若い龍はたちまち全身をくねらせて、ガルダの羽根の上から、グルグルと何重にも巻きついて締めあげます。十分に巻きつかせたガルダは、平然と頭を下げて龍の顔をのぞきこみます。初めて相手の顔をみた若い龍は驚きましたが、今さら戦いを止めるわけにはいきません。死に物狂いになって巨鳥を絞め殺そうとします。ところが次の瞬間、ガルダが全身を震わせて羽根に力を籠めると、その一瞬に龍の身体はバラバラにちぎれ、辺りに飛び散ってしまいました。

ガルダが勝鬨《かちどき》をあげ、レルティの頂上が揺れるほどの歓声が、鳥の一族から起こりました。しかしその様子を、クンデン湖の中から龍王が冷たい目を光らせて見ていたのです。若い龍は龍王のひとり息子でした。

――よくも若い者を、しかもわしのひとり息子を、何の裁きもせずに殺したな。必ずその償《つぐな》いはさせてやるぞ……。

龍王は秘かに龍の一族を呼び集めました。命令を受けた龍たちは地下に潜《くぐ》り、着々とレルティの基盤を掘り崩しにかかりました。その様子を見届けた龍王は、湖の全周に沿ってその緑金色に輝く長大な全身を現し、大地を震わせる地鳴りのような声で、レルティの頂上へ呼びかけました。

「ガルダよ、我らの脅威であった巨《おお》きな鳥よ。おまえは自分の怒りに負け、我らの怒りを買った。つまりおまえは、その徳のすべてを台無しにしたのだ。おまえの城のレルティも、間もなく根元から崩れて台無しになるだろう」

龍王の言葉が終わるやいなや、ガルダの足もとが揺れ、地底では地鳴りが轟《とどろ》きました。ハッと驚いたガルダは、それでもさすがにすぐ立ち直り、すかさず鳥たちに命じました。

「地を這う卑劣な奴《やつ》ばらが、不意打ちをしかけてきおったぞ！　ひるむな者ども！　奴らを皆殺しにしろ」

ガルダの眷属《けんぞく》たちはすぐさまレルティの岩を引き剝《は》がし、湖の上まで運んでは投げ落としていきます。紺碧の水面は泥水のようになり、あっと言う間もなく大地の鏡は汚され、埋められていきます。

その時、大音響とともにレルティが崩れだしました。大いなる災厄の始まりです。しかもそれだけではありません。衝撃で大地が割れ、割れ目のあちこちから真っ赤な焰が噴き出したかと思うと、偉大なシュメール山全体が崩れ始めたのです。

鳥も龍も、世界中の生命あるものは驚きと恐怖の声を上げました。しかし、すでに始まってしまった大変動を止めることはできません。山々は崩れ落ち大海は沸《わ》き立って、あっという間もなく世界全体が灼熱の溶岩の中へ溶け去っていきました。

指島夫婦は大混乱の最中《さなか》で気を失っていましたが、ふと我に返りました。混乱は収まり辺りは静まり返っていますが、自分たちがどこにいるのか、互いの姿すらどこにいるのか見当がつきません。声だけで無事を確かめあっていると、すぐ近くでもう一つの声が聞こえました。

「すると指島さんたちも、さっきの大破壊、壊劫《えこう》を生き延びたんだね」

「どなたですか？　どこにいるの……？」

「私も何も見えないが、声の様子からすると、あなたたちのすぐ傍にいるようだよ。使いを頼まれたトンビだよ」

「トンビさん……あの時は有り難う。だけどあなたの姿も見えません。それに壊劫とは何のことですか？」

「壊劫とはね、世界全体、宇宙全体が壊れる期間のことだよ。その時には太陽も星も山も川も生き物も、この世のものは皆壊れてしまうから、指島さんも私も身体はなくなり、宇宙はどうやら空っぽの、空劫《くうこう》になったんだ。だって、自分の身体だって見えないよ」

確かに何も見えず、夫婦はしんと黙りました。トンビは話し続けます。

「全世界を容れている宇宙も、始めがあったんだから、やはり終わりが来たんだね……。私が学んだことによると、どんなふうに終わったかで、次の宇宙の始まり方が決まるらしいのだよ。どうやら私たちは次の宇宙の始まりに、なぜか少しは関わるのかもしれないね。さきほどの壊劫で、他の魂はほとんど壊れてしまったはずだが、私たちの意識がまだ続いているのは、そのためじゃないかと思うよ」

「でもトンビさん。あなたや私たちがなぜ、次の宇宙に関わるのですか？　トンビさんは高くまで飛べるけれど、私たち夫婦のような何の力もないいちばん弱いものが、なぜあなたと一緒にいるのですかね？」

「私は身に、何の覚えもないよ。ガルダ陛下に会いに行って叱られたほかには、思い出すほどのことは何もないんだ。そっちこそ、何か思い当たることはないのかね？」

そこで指鳥の夫は、絶望のあまりトビネズミと戦ったことを話し、さらに妻は言いました。

「でも卵はまた潰れたし、それも自分たちが前後をよく考えなかった報《むく》いだったのかもしれません。戦いは何の役にも立たず、今ではトビネズミに悪かったと後悔していますわ」

「そうなのかい。でも失礼だが、そんな小さな争いで世界全体が壊れるなんてことも、とても有りそうにないしね」

「そりゃそうですね。でもとても心配です。宇宙はこれからどうなるのでしょうか？」

「今が宇宙の最後の空劫の時期だとすれば、やがて成劫《じょうこう》という新しい宇宙が成立する時期になり、それが安定すると住劫《じゅうこう》の時期が長く続くという順序になるはずだ。もし成劫まで私たちの意識が続けば、次がどうなるか、多少のことはわかるかもしれないね。……それより指鳥さん。もし自分の思いで次の世界の有りようを少しでも変えられるなら、おふたりさんは、どんな世界を望むかね」

「……私はトビネズミを憎み、矢でその目を射ました。私も今は、悪いことをしたと後悔しています。矢は当たって相手を苦しめたけれど卵を救うことはできず、巣まで壊れて苦しみを大きくしただけのことでした。それにトンビさんのお話を聞いて、もし私たちのしたことのために、次の世界にも争いや憎しみ合いが続くことになるのなら、どんなに謝っても償いきれない大きな責任が私たち夫婦にあるのだと、心配でなりません。何としてもそうならずに済むように、次の世界では、生きるすべての者が互いに必ず死ぬ身だとわかり合い、互いを思いやり、許し合える世界になることを願います。そのために、力を尽くしたいと思います」

「や、それはいい！　それは素晴らしい誓願《せいがん》だね。……そうだ、私も大したことはできそうにないけれど、指鳥さんたちのその誓願が、次の世界全体に響き渡るように、自分に与えられる力の限り、あなたたちに協力したいね。そうすることを約束するよ。」

「……おや、風の気配がする。どうやらお別れの時が来たようだ。次は互いにどんな縁起を受け、どんな姿の者となるのか今はまだわからないが、また必ず何処かで出会って、今の約束を思い出そうよ。ではさようならだ」

トンビの気配は薄れていき、やがて微かに風らしきものが吹きだしたようでした。新しい世界が始まるのか！　指鳥の夫婦は、互いにいっそう強く寄り添ったのでした。

おわり
（チベットの民話より）

喜捨のこころ

―修道の苦心と工夫の物語―

ヒマラヤ山脈の麓《ふもと》にあるネパールは、もとはインドと一体の地域で、釈尊《しゃくそん》（釈迦族の尊者＝仏陀《ブッダ》）の故郷もこの国にあります。後にインドから分かれてネパール国となり、首都カトマンズはヒマラヤ登山の出発地、最高峰であるサガルマータ（チベット語のチョモランマ、英語のエベレスト）登頂への拠点として知られました。いまでは首都をふくむ盆地全体が、世界遺産「カトマンズ渓谷」に指定されています。

さて釈尊の時代よりずっと昔の伝説の時代、カトマンズ盆地一帯には、小さな王国がたくさん点在していました。カトマンズ近くのラリトプル（現在のパタン市付近）

は、ディーパバティー王国に属し、サルバーナンダ王に治められていました。王は生まれつき慈悲深く、仏の教えをよく守って民を保護し、貧しい者への施しを欠かさぬ人だったと伝えられます。

その頃ラリトプル付近にあるプラサンナシール僧院に、ディーパンカラ（燃燈《ねんとう》）仏《ぶつ》が滞在し、各地の王侯貴族や役人、住民男女たちに教えを説いていました。この仏は修行中の前世の釈尊に出会い、未来において必ず覚《さと》りを開いて釈迦仏となるだろうとの授記《じゅき》（予言）を与えた仏として知られますが、すべての灯火を輝かす仏としても知られていました。サルバーナンダ王は何度もプラサンナシール僧院に赴き、仏の、世を輝かそうとする説法を聞きました。

ある日の説法で、ディーパンカラ仏は次のように説きました。

世間は飾られた言葉や、欲望を秘めた言葉に溢れ、それに惑わされる人は、心をあちこちへと彷徨《さまよ》わせている。短い人生で真実を摑《つか》み取るために、他のどの生物よりはるかに大きく深い魂を得て生まれているのに、人は偽りの言葉を弄《もてあそ》び、不用意に心を濁らせ、何よりも大切な魂を傷つけ曇らせ眠らせている。吹き過ぎた風、流れ去った水を再び呼び戻すことはできぬように、煩悩《ぼんのう》のうちに浪費した人生を、やり直すことは不可能である。掌《てのひら》から無造作に大海にこぼした一滴の水、自分のために染められていたその一滴を、あなたは海から汲み戻すことができるのか。失った人としての生は、二度とは巡り来ないのだ。

いつにない厳しい説法の言葉はサルバーナンダ王の心を深くゆさぶり、宮殿に戻った王はもの思いに沈みました。

――人生の無常とは、実に残酷なものなのだ。仏の言葉に、胸の底を槌《つち》で打たれたような思いがする。

しばらくしてサルバーナンダ王は、ダルマーバティー王妃に言いました。

「ディーパンカラ仏の説法を聞いて、こうしてふだんどおりの生活をする一瞬の時が、どれほどかけがえのない大切なものか、ようやくわかったような気がする。私は王として自分や民のために、もっと国を安らかにする道を、求め続けなくてはならない」

王の言葉に、ダルマーバティー妃は頷《うなず》いて言いました。

「おっしゃるとおりでございます。私も喜んで、ともに励みたいと思います。そのために、法会《ほうえ》を催《もよお》して仏に食事を布施し、続けて教えを聴聞《ちょうもん》しようではありませんか」

王と王妃は心を一つにして精進することにし、大臣に法会の手配を命じました。大臣はさっそく準備を始め、プラサンナシール僧院に使いを送り、王と王妃が精進潔斎《しょうじんけっさい》し、僧院に食事の布施を行いたいと望んでいることを申し入れました。

精進潔斎とは仏の五つの戒め不殺生《（ころさず）》、不偸盗《（ぬすまず）》、不邪淫《（みだらならず）》、不妄語《（うそつかず）》、不飲酒《（さけのまず）》を守り、肉食《にくじき》、化粧、歌舞音曲を慎《つつし》み、板床や土床の上に臥《ふ》し、欲望を抑えた生活を保つことです。

僧院がその申し出を受けいれると、王宮からの触書《ふれがき》が首都ラリトプルのいたるところの街角に掲げられました。

「皆の者に告げる。サルバーナンダ王は仏道をきわめようと、四か月の精進潔斎を行い、ディーパンカラ仏の教えを聴聞する法会をいとなむ。その間プラサンナシール僧院では、仏やすべての修行僧、および聴聞に参加するすべての者に毎日の施食を行う。この世の福利を増やすため、多くの者の参加を望む」

この触書を読んだ人々は大いに喜び、ぞくぞくと僧院に集まりました。仏法の聴聞より、施食めあての者がかなり混じるのはいつの時代も変わらぬようですが、王宮の人たちは、一切の区別をせずに食事を供することになっていました。その結果、今まで仏法に何の縁もなかった大勢の人々が、仏の教えに触れることができたのです。

四か月が無事にすぎ、シュラワン月（旧暦七月中旬からの一か月間の呼び名）の満月の日、サルバーナンダ王は僧院で仏に礼拝《らいはい》し、法会満座《まんざ》の喜びの言葉を述べました。

「おかげさまで、精進潔斎の期間を無事に過ごし、仏法の理解を少し深めることができたように思います。このうえは教えに違《たが》わぬよう、日々の精進を重ねたいと思います」

ディーパンカラ仏は微笑んで王の挨拶を受けました。それから少し様子を改め、次のように説きました。

「王よ。王の位についたからには民のため国のために、次に述べる責務を自分の背に負わねばなりません。あなたの統治は、真理に拠《よ》り、真理を旗印として進めなければなりません。領国の内に不法がないようにし、富を持たぬ者には富を返し与えなさい。なぜなら富と言えるほどのものはすべて、民の働きが生み出すものだからです。驕慢《きょうまん》と放逸《ほういつ》を自戒し、忍耐と柔和《にゅうわ》を守り、自らをととのえ、それを以《もっ》て民の上に立つ者たちを統率しなさい。涅槃《ねはん》を目指す修行者に法を聞き、不善を離れて善につきなさい。これが王たるものの責務です」

この時ならぬ思いがけない説法は、サルバーナンダ王を喜ばせ深い感動を与えました。法会の期間中に、近隣王国の王たちの姿も何度か見かけましたが、今の仏の言葉がサルバーナンダ王ただひとりに向けられたものであることは、全く疑いのないことでした。

——私はこの教えを胸に刻み、終生大切に守らねばならない。

深い感謝の念をあらわそうと、王は王宮でねぎらいの場をもうけ、仏とその弟子に、改めて施食供養を行いました。

その頃、ラリトプルから少し離れた農村に身寄りのないひとりの女が住んでいました。名をラッチュ・ミタクンという奴婢《ぬひ》身分の者で、近くの大きな農家で、作男たちの作業の手助けをする農奴《のうど》として暮らしていました。極端に貧しい暮らしですが、その心には祖父母や両親らから受けついだ、熱い信仰心がありました。

——供え物を準備できなかったので、とうとうプラサンナシール僧院の法会には出かけられなかった。でも祖父母も父母も会えなかったという仏が、こんな近くにおられるなんて、いつまでも続くことではない、まさに在り難い機会であるのは間違いないことだわ。死んでしまった親たちのためにも、何とかして今のうちに、仏さまに供養をしたいものだ。

ひたすら考え続けたのち、彼女は名案を思いついて主人に申し出ました。仕事が終わったあと、米の落ち穂をお供えのために拾い集めたいと頼んだのです。日頃の彼女の仕事ぶりを知る主人は、快《こころよ》くそれを認めました。三日がかりで集めた米が二つの掌いっぱいになると、ミタクンは夜のとぼしい灯火の下で、砂粒やゴミをていねいに取りのぞきました。

彼女が初めて僧院に出かけた日、仏も修行僧たちも静かに禅定を修していて、僧院の中には静寂が満ちていました。奴婢であるミタクンは入り口で貧しい供え物を捧げ、身体を投地《とうち》してかなたの仏を礼拝し、そのまま祈りました。地面に額をつけてしばしの時を過ごし、半身を起こしたその時、最初は小さくしか見えなかったディーパンカラ仏の顔がはっきりと間近に見える心地がし、しかも仏は彼女に向けて、かすかに微笑まれたようでした。驚いたミタクンは慌てて再度の礼拝をし、心に溢れるよろこびを抱きしめて家に戻りました。

そののち何度かミタクンが僧院にお参りしているあいだに、ヒマラヤ山脈に雲が集まるモンスーンの季節は過ぎ、乾季に移ろうとしていました。風がさわやかになり、カトマンズ盆地とその南に広がるタライ平野の大地が乾いてくると、仏は南へ旅立ちます。それまでに一度でも多く仏への供養を重ねようと、ミタクンはせっせと供物《くもつ》の準備をし、僧院に足を運びました。

彼女は仏に対する自分の帰依《きえ》の心を、誰にも話しませんでした。家族がなく、作男にまじって働くだけの中年の女には、話し相手は誰一人としていなかったのです。

しかし信仰の火が胸に燃える時、必ずそこに、行《ぎょう》の煙と良き香りが立つといわれるように、貧しい奴婢の行いは僧院に集まる人たちに、大きな影響を与えていました。最も卑しめられる階層に属しているのに、人々はそれとなくミタクンに道をゆずり席をあけ、彼女の礼拝に倣《なら》いました。ゆっくりとその評判は首都ラリトプルじゅうに広がり、遂にはサルバーナンダ王の耳にまで届きました。

――貧しい奴婢がそれだけの境地《きょうち》を得ているというのに、私がそこに至らないのは、なぜだろうか?

サルバーナンダ王の心に、かすかな気がかりが芽生えました。ミタクンの名を聞くたびにそれは焦りとなり苛立《いらだ》ちとなり、次第に強く、王の心を騒がせました。

――仏道精進の願いを民の前に明らかにしたというのに、こんなことではとてもディーパンカラ仏の教えに従う王となることはできぬ。何とかして心を安らかに保ちたいのだが……。

しかし思えば思うほど、自分の心を思うように安定させることができません。

ダルマーバティ王妃は王の悩みを知り、こんなふうに言いました。

「王さま。思いつめても身心を疲れさせるだけで、みのりは少ないと申します。どうか、ご自分を信じお進み下さい。もし心を安らげるおつもりなら、今までのご努力のうちで最も心が満ち足りたのは何だったか思い出され、それを繰り返して試みられたらよいのではありませんか」

王妃の助言は、サルバーナンダ王を納得させるものでした。

「なるほど、王妃の言うとおりだ。ではもう一度仏に施食をし、仏の教えを聞くことにしよう。あの時のことを思い出すだけでも、心はふくらみ温かくなるのだから」

王はプラサンナシール僧院での法会の最後の場面や、そのあとに仏を王宮に招いた場面を思いだしました。そしてもう一度、仏とその周囲の修行僧を王宮に招きました。

それは雨季の安居《あんご》を終えた仏が、南方のインド中心部へと遍歴に出発する当日でした。ラリトプル滞在の最後の昼どきをディーパンカラ仏は王宮で過ごし、サルバーナンダ王の心をこめた施食を受けました。そして人々に慈《いつく》しみの言葉を述べ、そのまま仏は旅立っていきました。

王は心を満たされ、その夜は久しぶりにぐっすりと眠りました。しかしその安らぎも束《つか》の間《ま》、新しい悩みが王の心に忍び込みました。数日たって、王宮を出たあとの仏の一行の様子が、町の噂となって宮殿にも聞こえてきたのです。

それによると町を出た仏の一行は、ミタクンの住む村を通りました。その時仏は、僧院に再三供物を捧げた奴婢の小屋に立ち寄りました。すでに午後遅く、出家者が食事をしない非時《ひじ》だったのは明らかですが、慌てたミタクンが冷めた乳粥を捧げたところ、仏は斎《とき》（食事）として受けられたというのです。

この噂が広まると、ある者は仏の寛容を賛嘆し、ある者はミタクンを非難して、非時の戒《いまし》めを軽視する非常識な行為だとけなしました。ミタクンの行為を非難すべきか否か、ミタクンが話題の人であっただけに議論は続き、王の施食《せじき》は話題から消えました。もちろん最初から、王者と一介の賤しい奴婢の施食を比べるなど、誰も思いもしなかったことでした。

しかしサルバーナンダ王だけは、二つの施食について真剣に考え続けました。王には、自分がまごころをこめて行った施食より、貧しい奴婢のそれを仏が深く受け入れられたと思えたからでした。

――仏は、どのような違いを見られたのだろうか？

でも仏の心をおしはかるのは、容易なことではありません。思い余ったサルバーナンダ王は、ある日、わずかな従者をつれて郊外の村を訪れました。目指すのはミタクンの家でした。米を収穫したあとの大地では、小麦や野菜作りの準備が始まっていました。

一行の姿を見て、農家の主人らしき男が慌てて傍へやってきました。王はミタクンの居場所を尋ね、彼女の作業ぶりが見えるところまで案内させました。そして少し離れたところから、王の一行は農奴たちの働く様子を見つめました。

水牛を使って土を耕す男たちに従う下働きは、一瞬の気のゆるみも許されぬ、厳しい労働でした。跳ね飛ばされる石塊《いしくれ》や土にまみれながら、ゴミや石を取り除き土は畝《うね》に戻し、時には水牛と鋤《すき》を結ぶ綱の絡《から》みをほぐすなど危険をともなう作業を交えて、仕事は際限《さいげん》なく続きます。絶え間ない人と牛の動きの中に、小さな身体を差し入れて働くミタクンの動きを見つめ続け、王は農婦の主人に尋ねました。

「あの農婦は仏への供養を欠かさなかったと聞くが、よほどの手間賃を与えているのかね」

「いえ王さま。食事と衣類を与え、小屋を使わせるだけでございます。あの者たちは三代にわたって私の土地で使役する、奴婢の一人なのです」

「それなら、仏への供養物は、どうして手に入れたのか？」

「作業が終わったあとのわずかな時間に、落ち穂を拾いたいと申しましたので、許しました」

王と農家の主人との会話の間も作業は続き、王は遂にミタクンに声をかけず、王宮に戻りました。そして見たことについて、考え続けました。

——王宮の倉庫には穀物はもちろん、宝物がいっぱいに積み上げられている。それらすべてが王の所有物という訳ではなく、国に万一の事があった場合の備えでもあるのだが、しかし私に明日のくらしへの不安など全くないのは確かなことだ。私が心をこめて最上の供養をしたといっても、私自身に、何ほどの苦労もなかった。それに対してあの農奴の捧げた掌いっぱいの米は、とうてい比べることもできぬほどの辛苦《しんく》のこもったものだった。私の供養など、それには遠く及ばない。

サルバーナンダ王は供養と布施について、さらに深く考えました。そしてようやく心を決めると、その思いをダルマーバティ王妃に打ち明けました。妃は驚きしばらく沈黙したものの、王の決意の固さを感じてそれを受け入れたのでした。

そしてある夜、王は身なりを平民のそれに変え、ひそかに王宮を出ました。この方法しかないとの固い決意の傍《かたわ》ら、その心は不安に満ちていました。ひとりで王宮を出たこともなく、まして自分の身体で働いた経験など、全くなかったのでした。数日の間ラリトプル市街をさまよい、やがて街を離れて村落へ足を向けたサルバーナンダ王は、村はずれで一軒の鍛冶屋《かじや》に行き当たりました。

一人の男が鉄の塊を熱して槌で叩き、農具を作っていました。いろんな作業を一人でこなすため、屈強な体躯の男が汗を拭う間も惜しみ、身体を動かし続けています。これまで全く縁のなかった鍛冶の仕事を見続けるうちに、王は男の動きに無駄が一つもないことを知りました。

――先日見た、ミタクンという農奴の仕事ぶりと同じだ。身体と心が一体となるほどに真剣に働く者の手で、真に値打ちのある仕事がなされているということだ。王宮で私が見慣れている仕事のうち、私自身のそれも含めて、目の前の作業に匹敵するほど値打ちのあることがどれほど行われていると言えようか……。よし、ここでこそ私は真に働くということを、身を以て知ることができそうだ！

当時のネパールでは、鍛冶屋の仕事は卑しめられるものであり、仕事場は村里のはずれにありました。しかし満身からふき出す汗にまみれながらひたすら鉄を打つ姿は、人が働くことの意味を、王に深く考えさせる力を発揮したのです。

王は一切の偽りを避けようと、王であることを打ち明け、弟子として仕事を覚えて働きたいと鍛冶屋に頼みました。鍛冶屋は驚きましたが、自分の身体で働いて仏に供養したいという王の願いを聞き、労働する者の直感で、その言葉の真実であることを知りました。こうして王は誰にも知られぬまま鍛冶屋の徒弟《とてい》となり、そこで次の年の春を迎えたのです。

十か月ちかくの労働で王の身体は見違えるほど逞《たくま》しくなり、親方も王のおかげでゆとりができたようでした。二人で働いて注文が増え、親方は給金をはずみました。そして一年が過ぎたある日、王は鍛冶屋に別れを告げ、王宮に戻ることにしたのです。

「王さま、もしご縁があれば、またおいで下さいませ」

別れる時、親方は久しぶりに改まった言葉遣いをしましたが、頬には名残を惜しむ微笑みが浮かんでいました。力の限りをつくし火花と汗を散らしてともに過ごす間に、身分の差を超えて通じ合うものを、互いに感じていたのです。

王宮に戻ったサルバーナンダ王は、待ちのぞんでいた王妃や大臣たちに迎えられました。王は留守を守ってくれた人々に感謝し、鍛冶屋の親方から受けた給金を、皆に見せました。人々は見違えるように逞しくなった王の身体と、思いがけぬほど多くの銀や銅の粒に感心したのです。

やがて雨季がおとずれ、ディーパンカラ仏がプラサンナシール僧院に戻りました。王と王妃は長い遍歴の旅の労苦をいたわろうと、仏とその一行を招いて施食会を行うことに決め、僧院に使いを送りました。仏から招きを受け入れる旨の返書が届くし、王宮は次に農婦のミタクンや鍛冶屋の親方に使者を派遣し、彼らをその施食の席に招きました。

王宮内の仏の通路が掃き清められ、鉢の花が並べられ、さらに施食の広間には香が焚《た》かれました。仏が到着すると王家の人たちが出迎え、王はみずから仏の手と足に水を注いで清めました。さらに王はミタクンと鍛冶屋の親方を仏たちの一行に次ぐ上席に案内し、仏に対する礼に次いで二人を礼拝して謝辞を述べ、善知識《ぜんちしき》(導く者)に対する敬意を捧げたのでした。

乳粥や煮物、果物などの滋養のある食物が出され、食事は静かに進みました。すべてが終わり、仏は人々に向かって次のように説きました。

「今日はたいへん結構な施食を受けました。布施の行はすべての修行の出発点ですが、富《とみ》や高い身分に恵まれた人が正しく布施を行うことはとても難しく、また正しい布施に導いてくれる者に率直に敬意を表することも、なかなかできることではありません。先程から我々の目の前で行われた王の布施行は、王自身だけでなくこの国の人々に、必ず善き報《むく》いを齎《もたら》すものとなるでしょう。そこで今日は、布施について皆さんに説くことにいたしましょう。それは「三輪清浄《さんりんしょうじょう》の布施」あるいは「三輪空寂《くうじゃく》の布施」と呼ぶ真理です。

布施は、涅槃を目指す修行者が修行で得た法を聴聞者に施《ほどこ》す法の施しと、修行者などの生命を支えるため行う財物の施しの二つに分かれます。しかし法施と財施のどちらも、布施する者、布施を受ける者、布施する法や財、この三つによって成り立ちます。その三つのすべてが、一切の拘《こだわ》りを離れ清浄で空寂であることが大切で、執着する心があっては布施とはなりません。

一つは布施する者の心が清らかで、布施することにとらわれないということです。布施しながら惜しんだり、感謝や敬意を期待するのは不浄であり、布施ではありません。

二つは布施される者の心が、清らかでなければなりません。布施を期待したりもっと多くと望んだり、あるいは卑しめられないかと恐れたりすれば、せっかくの布施を汚します。

三つは布施する法や財自体が、清らかでなければなりません。自らの努力の成果でなく他人の成果を掠《かす》め取った不当なものは、布施しても、その汚れを清めることはできません。

この三つは、布施とは執着する心を滅ぼすための修行だと示しています。布施は大切なものを喜びの心で手放すので喜捨《きしゃ》ともいい、施す者と受ける者のどちらにとっても、大切な修行です。私はこの国で、多くの人々から清らかな布施を受けました。そしてその行が熟していくのを見ることができ、この上なくうれしく思っています。

これからも皆さんが互いにこの行を正しく積めば、その心は天と地に通じ、必ずこの国に幸いをもたらすことになるでしょう」

この教えを説いたあとディーパンカラ仏は王宮を去り、二度とその姿を人々の前に見せることはありませんでした。仏は時々この世に姿を見せますが、それぞれに自分の仏国土を持つと経典に説かれているように、かの仏もラリトプルからその仏国土に戻られたのだと、人々は語りあいました。

その後ネパールでは、毎年のシュラワン月に国中の僧尼に特別の布施をして祝う、パンチャダーンの祭りが始まりました。そしてサルバーナンダ王こそは、後の世の釈《しゃ》迦牟尼仏《かむにぶつ》の前世の姿であったと言い伝えられるようになりました。

こうして伝説の仏である燃燈仏の教えは、ネパールの人々の間に、長く受け継がれることになったのでした。

（北伝のジャータカ説話より）

おわり

死神の使い番

昔、ランカー（セイロン）島にラトナというとても自尊心の強い青年がいました。人に軽く扱われるのが嫌で、ふだんから変わり者を気取っていましたが、ある時から、

「セナスラ（土星）神のご加護がありますように」

と、祈るようになりました。


昔から人間は、自分の力でどうにもならないことを神様に頼むものですが、ふつうは幸運の祈願です。ところがラトナが祈るセナスラ神は、死神なのでした。傍で祈りを聞いた者はびっくりしたり、中にはいやな顔をする者もいました。それは、自分が呪われたと思うからなのかもしれません。

ところがラトナには誰かを恨んだり、自分が早く死にたいから祈るというつもりは全くありません。友人たちには、

「誰もが祈る人気のある神様に祈っても、どうせ自分の順番は後回しになるんだから」

と説明していました。並々ならぬ偏屈《へんくつ》を気取り、自尊心が傷つくのを避けているのです。

ところがこれは、死神にとってもいささか珍事《ちんじ》だったようで、当のセナスラ神はこう思いました。

「自分を守るのに疲れたからだろうが、こともあろうにわしを当てにするとは、人間には実にいろんな奴がいるものだ。しかし毎日名前を称《とな》えてくれるなんて、悪い気はしないぜ。一度会ってみてやろう」

ところが厄介なことに、セナスラ神は神様一族はともかく、それ以外の者とうっかり面会はできません。死神の顔を見たものは、必ず命数《めいすう》が尽きると決まっているからです。

「うーン。面白い奴とはいえ、どうしたものかな。考えてみれば死神稼業《かぎょう》って、面倒でいささか辛いね」

セナスラ神は夢のお告げという、神様だけが使える奥の手で、ラトナを呼び出すことにしました。そして森の奥深く、誰も知らぬ泉が湧きだしている場所へ招きました。先回りして、人間が気づかぬうちに、その顔を見てやろうという魂胆《こんたん》です。

同じ場所へ行く夢を三日連続で見させられたラトナは、がさごそと森の下生えをかき分けて、泉のほとりへやって来ました。日焼けしていない顔は青白く見えますが、目は黒々と輝いて髭《ひげ》もびっしりと生えそろい、かなり知的で立派な顔です。その顔をしっかり見届けて、セナスラ神は言いました。

「わしはセナスラ神じゃ。日頃のおまえの祈りを聞き、加護《かご》してやっても良いのだが、一度会おうと思って呼んだのだ。わしは人の命数を断ち切ることで知られているはずだが、おまえはなぜ、そのわしの加護を選ぶのか?」

神様の声を聞いて、さすがにラトナは驚いたらしく、辺りをしきりに見回します。さらにセナスラ神は言いました。

「出会うからには姿を見せるのがふつうだが、うっかりわしの顔を見ると、それがおまえの最期の時になる。別れる前に安全な方法でわしの姿を見せてやるが、それまでは声だけだ」

ラトナは納得したようで、考えながら答えました。

「わかりました。生きてる私があなたの加護を祈る理由は、あなたさえいつもそばにいてくだされば、死ぬべき時にきちんと死ぬことができ、死ぬべき時でない時に、にわかな災難などで不意に死んだりせずに済むかもしれぬと、そう思うからです」

「ほう、よくわかっているではないか。災難や巻き添えなどは、わしが目を離した隙に起きやすいが、たいがいの奴は、そんな不幸は自分には起こらぬと思っておる。それよりも何よりも、死ぬべき時にも死にたくないという一心で、わしを避ける奴ばかりだが、その点でも、おまえはかなり変わり者じゃナ」

「私は変わり者扱いされてもそれは結構ですが、誰も死なないと、若くて元気な者の生まれる余地がなくなるんじゃないですか？この世の生き物は年を取れば滅び、若い者に居所《いどころ》を譲る。宇宙はそういうふうに動いているのだと思っているのですが……」

「その通りだ。それが諸行無常《しょぎょうむじょう》で、宇宙にいる全員がその法則に従っていて、神だって実のところ、人より多少長生きというだけだ。因と縁で始まるからには、時が過ぎれば因も縁も変化し、衰え滅ぶのは当然のことだ。その中で人間は心を深め、関わる者の幸福を願い、そのために尽くせば人生の短さにも満足できる者となって生きてきた。ところが近頃は、ただ自分の思いを満たすためだけに生きている人間が増えている。欲望を満たすことに熱心で、長生きすれば満足できると思い込んでいるようだ。その思い違いの結果、人として望むことに気づけず、たかだか七、八十年の人間関係に疲れ、老年の身心の不調を、辛《つら》い余生などと思い違いをする始末だ」

「そこでラトナよ。おまえは人間にしては物わかりがよいから、今日から人間相手の、わしの使い番をやらんかね？　無意味に人生を浪費せず、生きているうちに人に生まれた意味を求めよと人間たちに伝える仕事を、やってくれんかね。生きることを意義あるものにするには、死と向き合って生きるほかはなく、死を忘れず生きてこその生命だと、人間にわからせてやってもらいたいのだ」

「おっしゃることはなるほど尤《もっと》もだと私は思いますが、他の者だってそんなことは知ってるぞと、誰も聞きたがらないような気がします。第一、私は皆にあまり好かれてはいませんよ。そんな私が言えば言うほど、皆はあなたを敬遠するだけではありませんか？」

「ウーム、やはりそう思うか……。実のところおまえの言う通り、死と聞くと顔を顰《しか》める奴ばかりだ。何かいい方法はないかね」

「えっ、急にこちらに振られても困りますが……でもセナスラ様。人間は皆が皆、いつまでも生きていたい者ばかりじゃないと思います。不意打ちで死ぬのが嫌で、あなたを避けている者だって多いはずです。そういう者には、何時《いつ》、何処《どこ》でどんなふうに死ぬぞとはっきり教えてやれば、納得して死ぬだろうし、死ぬ者どうしの思いやりだなんて、そんなことも増えるかもしれません。修行をし心を鍛えた者なら、きっとそうするはずでしょう」

「それは一理あるんだが、難しい問題があるのだ。というのも寿命が尽きる日時はきちんと定まらず、天地の運行につれて因と縁が変化すれば、死も早まったり遅れたりして絶えず揺らぐものなのだ。だから本当に命が尽きる前触れは、当人が感じるのとほぼ同じ時期にしか、わしにもわからんのだ。ふだんのわしの仕事は、その前触れに矛盾がないかどうか確かめることだが、身体の大きさで言えば犬や猫などの大きさでほぼ一日前、鳥なんか数時間前にわかるだけだから、大勢の使い番が飛び回り、決まっていく命数が妥当かどうか、確かめるので精一杯なんだ。人間の場合、見当がつくのはせいぜい数日前だが、それでうるさい人間どもが納得するかね？」

それを聞いたラトナは、思わず大声をあげてしまいました。

「へえ！　今、お聞きしたところによると、生きてる者が死ぬ時には、教えられずとも察しがつくものなんですね？」

「そりゃそうだ。何といっても生涯最大のけじめなんだから、気づいて当然だ。生まれてきた使命を果たし、積んだ業《ごう》を熟させ、死の前触れを感じ取ったら、ふつうは静かに死ぬ準備をするもんだ。人間だってほんの少し前まではそうだった。ところが最近の人間は、どんなつもりかは知らんが長生きするのに血眼《ちまなこ》で、いつになっても死ぬ気のない奴ばっかりだ。病気が始まっただけで、苦しい辛い悲しいと取り乱し、前触れを察し取るどころか、息を引き取る瞬間にも、それと気づかぬ者がいるんだからな」

「そうか、厄介なのは人間だけというわけか……」

　何かを考えるように沈黙してしまったラトナに、セナスラ神は続けます。

「自然界の者は絶えず死と直面し、次の世代との交代を受け容れている。ところが人間は文明を築き死を少し遠ざけたので、交代するのを嫌がり、自分勝手をするために生まれたと思いこむ者が増えている。それで不幸が増えたのだ。自分がなぜ人と生まれたか、どれだけの恵みを受けて人となったかを考えず、欲望を満たすことしか考えない。当然人間どうしが踏みつけ合うことになるじゃないかね……」

セレスナ神はラトナ相手の議論に熱が入ってきたように続けます。

「人と動植物との関係はもっと無茶苦茶で、相手が心を持つ生き物だということさえ気づかぬ人間が大勢いるゾ。それやこれやで最近は、人間界の格付けもずいぶん下がってしまったナ。もとは天界《てんかい》、人界《にんかい》、修羅道《しゅらどう》、畜生道《ちくしょうどう》、餓鬼道《がきどう》、地獄《じごく》ときちんと区別があったんだが、少し前から人界と修羅道は交じりあい、ごく最近は畜生道とも並び、餓鬼道との区別も曖昧《あいまい》だ。互いに大手を振って往き来している奴が大勢いるゾ」

話すに従って人間に対する批判が厳しくなり、口調が激しくなるセナスラ神。しかし気を取り直して言いました。

「そうは言ってもラトナよ、おまえに気を悪くしているのではないからな。今日はよく来てくれた。使い番のことは考えておけ。何と言ってもわしは命ある者の、中でも死を意識できる人間の最大の味方なんだからナ。せめておまえだけでも、そのことを忘れるな。ではおさらばだ。泉の中を覗《のぞ》いてみろ」

ラトナが泉を覗き込むのと、上から木の実が落ちるのが同時で水面が波立ち、青白い顔のようなものが、一瞬の間に波間にぼやけて消えてしまいました。

「あぁっ！　驚いたよ。よく見えなかったがあれが死神様の顔なのか。だけど水鏡《みずかがみ》で心くばりをしてくれて、優しいところがあるんだな。正直なところ俺だって、今すぐ死ぬのは、まだ真っ平御免だよ……」

ラトナは家に帰り着くとひどく疲れ、そのまま寝床に倒れ込みました。どれほどの時が過ぎたか、ふと気づくと目の前にセナスラ神が現れました。全身に鱗《うろこ》を纏《まと》った死神はすべてを凍らせるような眼差しでラトナを見据《みす》え、地の底から呼びかけてくるようです。

『ラトナよ。おまえの人柄がわかったから、試《ため》しにしばらくの間、おまえに人の命数の調整をさせてみる。知り合いの者が重い病気にかかったら、さっそく見舞いに行ってやれ。鼻の穴をよく見ると針先ほどの小さな蟲《むし》がいるはずだ。ミバエのような、羽根を震わせているそいつが人間に差し向けたわしの使い番、呼吸で命数を計る命蟲《めいちゅう》だ。人間が死ぬまで鼻に居続けるが、途中で鼻から離れると、その間は命数の勘定も中止となる。つまり命が延びるのだ。』

どうしたことか、ラトナの身体は硬直し、指ひとつもピクリとも動かせません。

『おまえのポケットに小さな罎《びん》を入れておく。底には命蟲が好む匂いが入っていて、病人の鼻に近づけると、いちいち栓《せん》を抜かなくても蟲はそこへ入ってくる。罎を病人の足元に移して置いておけ。間違っても蟲を自分で吸い込んだり、壜を病人の部屋から持ち出すな。恨みを買ったりするし、命懸けの仕事だが、それをやってる間はおまえも神界の一人、わしの顔を見ても死にはせんよ』
全身の金縛りが解けると同時に、ラトナは寝床から跳ね起きました。一瞬の夢を見たのです。でもポケットを探ってみると、確かに米粒ほどの大きさのものがあります。指先で摘み出すと、それは透き通った壜で、微《かす》かに果物の発酵したような匂いがしました。
慌てて壜をポケットに戻しましたが、全身は汗まみれ、身体の芯《しん》が震えています。自尊心の強いラトナにとって初めての、心底からの恐ろしさでした。泉で実際に言葉を交わした時には、死神とはいえ何だか親しみを感じたような気がしましたが、正面から一瞬向き合った姿は凄まじいもので、人間に太刀打ちできる相手ではありません。気力も体力も吸い取られてしまい、人界から異界へ拉致《らち》されたかのよう、ラトナの身心は一気に疲れ切ってしまいました。それからの数日は心が竦《すく》んで、病人を探すどころではありません。
数日後、仲間の一人が友人が寝込んでいるから一緒に見舞いに行こうと誘いました。

ラトナは怯《おび》えたようで、煮え切らぬ返事をします。その態度にムッとした相手は、

「なんだおまえ！　友だちを見捨てるのか」

自分を睨む顔が死神に見えました。ラトナはとびあがり、こわごわ後をついて行きました。でもその時ラトナは、寝ている友の鼻に命蟲を確かめることはできず、間もなくその友人は死んでしまったのでした。しばらくしてラトナの夢に、またセナスラ神が現れました。

『おまえ、案外気が弱いんだな。では祈禱師《きとうし》の助手になれ！　死の場数《ばかず》を踏んでこい』

次の日、祈禱師の家に呼び出されたラトナは、祈禱の準備や用具の運搬係を命じられました。祈禱師の家は、失《う》せ物、尋ね人の相談から憑《つ》き物や病魔退散祈願の依頼など、押すな押すなの大盛況です。合間には貴族、高官、金持ちなど大物の屋敷への出張祈禱もあり、ラトナは病室へも出入りすることになりました。

ある日、身分の高い病人の屋敷への祈禱に同行したラトナは、病人の気分を良くするため屋敷に残って香油を作ることになりました。

病室で没薬《もつやく》を擦《す》り潰《つぶ》していると、いつの間にか介護の召使も座をはずして病人の老人とふたりきり、しばらくして老人が嗄《しゃが》れ声で介護人を呼びますが、すぐには誰も来

ぬようです。

　ラトナは仕方なく傍へいき、老人の声に耳を傾けました。ところが声がよく聞き取れず、相手に顔を近づけると目の前の老人の鼻孔の中で、翡翠《ひすい》のような美しい羽を細かく震わせる蟲がいます。ラトナは思わずのけぞりましたが、老人の苦しみが蟲のせいだと思い、急いでポケットから死神の壜を取り出し、そっと老人の鼻先に近づけました。蟲が壜に入ったのか、老人の呼吸は楽になりました。病人は目顔でラトナに感謝し、そのまますやすやと眠ります。ラトナは念を入れて壜の栓を確かめ、老人の夜着の裾の縫い目に挟んで糸で止めておきました。

　次の日、ラトナは名指しで屋敷に呼ばれました。老いた病人はラトナが気に入ったらしく「おまえのお蔭でとても楽になった」と言います。そして「傍にいてくれる間に、この世の後始末をするよ」と言い、いろんな人を枕辺に呼びよせて、礼を言ったり後のことを頼んだりしています。その老人の寝床をととのえながら、ラトナがそっと夜着の裾の壜を確かめると、蟲は栓を通り抜けたのか、壜の中には見当たりませんでした。間もなく老人の容体が悪くなり、客は引き上げます。再びラトナが壜を鼻に近づけ、老人は落ち着きました。

こうして数日後、「すっきりと片がついたよ」と老人は礼を言い、ラトナにもかなりの遺産を分けてくれ、微笑みを浮かべて息を引き取りました。

思いがけぬ財産は、これで人に軽く見られずにすむ、という自信をラトナに与えました。しかし財産を使う暇もあらばこそ、祈禱師にこき使われ、ラトナはいろんな病人に次から次へと忙しく出会わねばなりません。不思議なことに壜は必要な数だけ、いくつでも彼のポケットから出てきました。人生の終わり近い人々の訴えに応じ、ラトナは死神の壜を用いて努力し、数年があっと言う間に過ぎていきました。

ある朝、びっしょりと寝汗をかいて目覚めたラトナは、あまりにも自分の体調が悪いのに驚きました。いくら気力を奮い立たせようとしても、寝床を離れることができません。

——今日はどうしても、休むわけにはいかないのだが……。

何よりの気がかりは、壜を使ってもうしばらく持ちこたえさせてやりたい、何人かの病人のことです。呼吸を切迫させた病人たちの様子が、ありありと目の前に浮かびます。

——ふだんからもっときちんと、セナスラ神のことを話しておくべきだった。いや実際は、そんな余裕もなかったが……。

死を意識できる者の最大の味方だと言った死神の言葉の意味を、次第に深く理解できるようになったラトナでしたが、まだ誰にも、その言葉を伝えることはできていませんでした。

――こんなことでは駄目だ。だがいつになったら、これ以上のことができるのか……。

ラトナの目の前が、急に暗くなりました。不意を打たれ、身を起こそうとしたラトナは次の瞬間、自分に近づくものを知りました。そうか、次は自分の番だったのか……。

小さな部屋が急に闇に包みこまれ、セナスラ神が現れました。久しぶりのその姿はいつぞや夢で向き合った時と変わりませんが、その時の恐怖と戦慄の代わりに、今はラトナへの気遣いと共感を滲ませ、優しささえ感じられるように思えます。

「セナスラ様。大切な壜を使わせてもらいながら、あなたの存在の真の意味を、人に伝えることができませんでした」

「何を言う。死の意義は理屈ではない。死にゆく者が誤りなく死を意識すれば、それで十分と言わねばならん。おまえはよくやったよ」

「初めてお姿を知った時、臆病な私は恐怖に負けてしまいました。それからは心が竦み、あなたについて語ることに、どうしても踏みきることができませんでした」

「それはやむを得ぬことだ。『生きたい、安らぎを楽しみたい』という生物の本能に反することだから、無理に話しても怖がらせるだけだ。それよりもおまえは、死にゆく者を見捨てず、最後まで苦痛を和らげようと努めた。それこそわしが、おまえに期待したことだよ」

「それを聞いて、心が軽くなりました……最後にお尋ねしますが、私の生命の衰えに気づかれたのは、いつからなのですか？」

「それはおまえが、初めて私に祈った時だよ。おまえの傷つきやすい心が、自らの人生を切り開く闘いにしり込みし、意識せぬまま死を求めていたのだ。結果としてはそれがおまえに、自分らしく生きる独自の道を切り開かせたのかもしれないね」

その言葉が耳に届いたかどうか、ラトナの顔にはいつか、この上ない安らぎの表情が浮かび上がっていたのでした。

おわり

（スリランカ（セイロン）の古話より）

見るだけの目には見えぬもの

仏教の世界には、物覚えの悪さだけでとびきり有名になった人がいます。釈尊の弟子のチュッラ・パンタカ、漢訳の経典で周梨槃特《しゅりはんどく》と記される人です。子どもの頃のパンタカはまさに格別の鈍才で、人に自分の名前を尋ねられても満足に答えられず、誰かが与えた大きな板の名札を、生真面目《きまじめ》に首に掛けて歩いたという説話が伝えられ、本シリーズ第一巻の「大いなる道」の主人公でもありました。

チュッラ・パンタカは仏道に帰してからも修行の目的がすぐには理解できず、進歩が最も遅い弟子でした。しかしきっかけを得て仏弟子として着実に精進を重ね、後には阿羅漢果《あらかんか》（必ず仏となる境地《きょうち》）を実現し、覚りが万人に開かれていることを身を以て示した人でもあったのです。万人が阿弥陀仏の極楽浄土へ往生できると阿弥陀経が説かれた時に、祇園精舎《ぎおんしょうじゃ》に集まった千二百五十人の弟子のうち、七番目にその名が記されるほどに尊《たっと》ばれました。中国人はチュッラの死後、その墓に生えインドではパンタカ草《そう》と呼ばれていたらしい香《かぐわ》しい植物に、茗荷《みょうが》と絶妙の命名をしたのです。

さてチュッラ・パンタカは、まず覚りの第一段階にあたる預流果《よるか》（宇宙との交感を体験する境地）を実現し、尊者と呼ばれるようになった後も、日頃の態度に何一つ変わるところはありませんでした。それだけに、仏道を学ぶ誠実な人々の間でも、いつまでも彼を、仏の言葉を何一つ理解も記憶もできぬ愚かな者だと思いこんだままの人が、何人もいたようです。

釈尊《しゃくそん》がマガダ国ラージャガハ（王舎城《おうしゃじょう》）を訪れ、カランダカ池近くにあった、竹林《ちくりん》精舎《しょうじゃ》と呼ばれる仏道最初の寺院に滞在した時のことです。王室の侍医《じい》であり、広く街の人々にも尽くして名医の名が高いジーヴァカの姿を見た仏は、早速その許《もと》に赴《おもむ》いて教えを聞きました。ジーヴァカの姿を見た仏は、その日頃の努力を労《いたわ》り励ましました。

高名な医師は喜び、心満ちて帰宅しました。そして釈迦とその弟子たちを自宅に招いて施食《せじき》しようと招待状を書きました。精舎で出会った仏の弟子たち一人ひとりの宛名を書いているうちふと筆が止まりました。あの愚か者のチュッラ・パンタカの顔を思い出し、彼は招かずとも良いだろうと、その名を省《はぶ》いたのです。

施食の日には屋敷総出で斎食《さいじき》がととのえられ、座が設《しつら》えられました。客全員の着座を待ってジーヴァカは仏の前で拝礼し、食事を勧《すす》めました。ところが釈尊は黙って坐ったままです。けげんそうなジーヴァカの顔を見、仏は取りなすように言いました。

「チュッラ・パンタカさんが遅れているので、来るのを待っているのですよ」

ジーヴァカはハッと胸を衝《つ》かれ、「すぐにお迎えに行きます」と、その場を繕《つくろ》いました。仏と弟子たちは静かに言葉を交わして待ち、やがて急《せ》かされたチュッラ・パンタカがその場に現れました。ジーヴァカは入り口近くに席を設《もう》けてチュッラ・パンタカを誘い、チュッラ・パンタカはニコニコしながらその座に着きました。しかし釈尊は言いました。

「チュッラ・パンタカさんの席は、ここに空けてありますよ」

釈尊の左側の最上座、一番弟子であるサーリプッタとの席との間に一人分の座が空けられています。するとチュッラ・パンタカはニコニコしながら座を立ち、何のわだかまりもなくそこに移りました。

気を取り直したジーヴァカは、末座《まつざ》の弟子から一人ずつに給仕し、挨拶を交わしていきます。でもチュッラ・パンタカの前でその言葉は、些《いささ》か滞《とどこお》らざるを得ませんでした。しかし仏を招いた施食は、順調に終わったのでした。

食事を終えた仏は、屋敷の人々に短い祝福の言葉を述べました。そこで施主が答礼すれは、一行は立ち去ります。だがジーヴァカは、なぜか次第に落ち着きを失っていきました。彼は仏を拝しましたが、縋《すが》るように言いました。

「今日のわたくしは、なぜかどうしても心が落ち着きません。差し上げた食事に至らぬことがあったのか、気がかりです」

ジーヴァカの様子を見て仏は頷《うなず》き、皆をもう一度着座させました。そして、次のような話をしたのでした。

はるか昔、ラージャガハ市街の北門から多数の馬を引き連れた隊商の一行がやって来た。彼らは馬商人で、良馬を数多く連れて売り買いをしているのだった。そしてその夜、多数の馬たちの中の、ひときわ優れた牝馬《ひんば》の胎内に一頭の仔馬《こうま》が宿った。身籠もった牝馬は嘶《いなな》かなくなり、次第に他の馬たちも牝馬の周りで静まった。隊商主はいぶかしく思った。

——これはどうしたことだ。私の馬たちは病気なのか……。

しばらくして仔馬が生まれた。すると隊商の馬たちは仔馬と母馬を取り囲み、歩き回ることさえしなくなった。産まれたばかりの仔馬はしきりに動き回ったが、真っ直ぐ歩くことができず、テントの周囲でいろんなものに躓《つまず》いたり、蹴散らかしたりして歩いていた。

——厄介ものめ！　ここにいると、どの馬もおかしくなる。

隊商主はラージャガハを立ち去ることにした。駄馬を産むようでは牝馬も高く売れまいと、あまり世話をしなくなった。

街の南門を出る前に慣例に従い、隊商主は協力してくれた職人や商人たちにお礼をした。しかし多くの壺を馬の飲み水用に提供していた一人の陶工《とうこう》は、出発に気づかなかった。

「あなた、隊商が出発します。お礼を貰《もら》わなくちゃ！」

妻にせき立てられ、陶工は南門に急いだ。隊商主は言った。

「やあ、遅過ぎたよ。もう贈り物は皆渡してしまって、ろくなものは残ってないよ」

その時、隊商主は馬たちの後をよたよたとついて歩く仔馬に気がつき、この厄介ものを処分しようと思った。

「仔馬が一頭残っている。まだ手のかかる奴だが、気に入ったら連れてっておくれ」

仔馬は陶工の両足を、舌で熱心に舐《な》めた。陶工に馬はあまり必要なかったが、愛情を感じた彼は、仔馬を家に連れて帰った。

「まあ、結構なお礼だこと！　あなたがせっせと粘土で壺を作っても、乾く前にこの子がせっせと壊してくれるわね」

仔馬は陶工の妻の両足を熱心に舐めたので、彼女も仕方なく家に置くことに同意した。しかし仔馬はよたよたと作業場を歩き、しばらくは細工ものを壊し夫婦を困らせていた。

しかし時を経るにつれ、この厄介ものにもそれなりの役目が見つかった。足が丈夫だからと、陶土を背中に積んで運ばされることになったのである。しかし餌はといえば籾殻《もみがら》や藁《わら》ばかり、たまに糠《ぬか》が混ぜられれば、とんでもないご馳走だった。

その頃マガダ国の西方に、ブラフママダッタ王の治めるヴァーラーナシーという小国があった。ひ弱い小国だったが、国民に勤勉を勧《すす》めて産業を発展させ、周囲の大国に対抗するため騎馬隊を築き、次第に財宝や食料に満ちた強国に発展していた。

周囲には小国を脅かして利益を貪《むさぼ》る大国がいくつもあり、ヴァーラーナシーにも難題を吹っ掛け続けていたが、いつの間にかヴァーラーナシーは、迂闊《うかつ》に手の出せない国となっていた。

ところがそのヴァーラーナシーに災厄が訪れた。今までになかった新種の馬の病気が流行《はや》り、王の愛馬をはじめ、何十頭もの名馬が次々に死んでいった。それは国家機密とされたが、次第に周囲の王たちの知るところとなった。

『以前の通り、貢租《こうそ》を納めよ。交易を勝手にしてはならぬ』

ブラフママダッタ王に対抗し軍備を強めていた国々は、再びヴァーラーナシーを脅かし始めたのである。ブラフママダッタ王は、もう一度強い騎馬隊を作ろうと考えた。

その時、ラージャガハを出てから、各国を巡ってきた隊商が、ようやくヴァーラーナシーに到着した。馬商人がやって来たと聞き、ブラフママダッタ王は騎馬隊の将校たちに命令した。

「良馬を数多く買い取り、他国の手に渡らぬようにせよ」

将校たちが隊商の宿舎を訪れ、つながれた馬たちの品定めをした。彼らの馬を見る目は鍛《きた》えぬかれていたので、そこそこの馬がそろっているが、軍馬には物足りないと見抜いた。しかし彼らは、テントの前に繋《つな》がれた痩《や》せ馬を見て驚いた。出産後の窶《やつ》れから十分回復せぬまま使われているが、時おり見せる足踏みの素早さだけでも、その脚質《きゃくしつ》が非凡なものであることがわかったからである。

「あの牝馬から生まれた仔馬は、今はどこにいるのか？」

にわかな質問に、隊商の主は目をパチクリさせて答えた。

「あ、あの厄介ものですか。あんな不細工な歩き方をする馬は役に立たないので、ラージャガハの陶工にやりました」

将校たちは相談し、ある程度の馬を十頭ほど買うことにし、何食わぬ顔で痩せた牝馬も付け加えた。隊商主は牝馬が売れると知って大喜び、ほとんど捨て値で母馬を譲った。

将校団のうち一番若い一人が商人の服に着替え、痩せた母馬に乗ってラージャガハへと向かうことになり、残りの将校たちは、良馬が少なくなっていることをブラフマダッタ王に報告した。仕方なく、王は鈍重だと嫌っていた象《ぞう》部隊を作ることにし、こうして国の財政は、大きな負担を強いられることになった。

さて、その間にもラージャガハでは、陶工の仔馬が次第に成長していた。しかしある日、陶工が仔馬の背に陶土を載《の》せ過ぎてしまい、窯場《かまば》の近くまでようやく戻って来た仔馬は、疲れと空腹に耐えかねて倒れてしまった。陶土は小石や塵にまみれ、使いものにならなくなった。

「こんな奴に餌《えさ》をやっても、何の足しにもならんぞ」

陶工は腹を立て、道端の木に仔馬をつないで放置した。仔馬は道端の踏み残された草を食《は》み、かろうじて飢えを凌《しの》いだ。

雨期が近づき、伸び始めた仔馬の尻尾《しっぽ》が時折吹く強風に煽《あお》られ、上向きに逆立った。仔馬は空腹だったが、自分の尻尾を追いかけてくるくる回って遊んでいた。そこへ召使たちに守られた大金持ちの坊ちゃんが通りかかり、気まぐれを起こして言った。

「あの馬、面白いや。お家《うち》へ連れて帰ってくれなきゃ、僕はここを動かない！」

困った召使たちは陶工に頼みこみ、奥方への贈り物としていただいてきた反物《たんもの》との交換で、なんとか仔馬を譲りうけた。

「一反の絹と交換するなんてどんな名馬かと思ったら、真っ直ぐ歩けない出来損ないだわ。こんな馬にうちの子の相手はさせられない。おまえたちは損失を取り返しておいで！」
大金持ちの奥方は子守の召使らを叱りつけ、家から叩き出した。召使たちは仔馬をひいて陶工に掛け合いにいったが、陶工はすでに反物を、小屋に山積みの薪《たきぎ》と交換した後だった。召使たちはどうしたものかと相談しながら、勝手に歩く仔馬の後に付いて行った。仔馬は召使たちを引き連れるように、ひたすらヴァーラーナシーへ向かって歩いた。それは、母馬が歩いた道だった。

さて商人に身なりを変えた若い将校は、道を牝馬に任せて進んでいた。馬がはっきりとした目的をもって進んでいることに、じきに気がついたからである。

人家もなく木もまばらな荒れ野を過ぎ、数日後に長い坂を下り始めた時、痩せ馬は鞭《むち》も当てないのに疾駆《しっく》し始め、乗り手を驚かせた。手綱を絞っても、馬を止めることは出来なかった。その時商人姿の将校は、数人の群れが一頭の仔馬の後を追いかけ、喚《わめ》きながら坂を登ってくるのを見た。

再会した母と子は頸《くび》と頸を擦りつけ、互いを舐め合ってその場を動かない。息せき切って駆けつけた召使たちも、彼らよりはるかに馬を扱いなれた将校も、母子の馬の前ではなす術《すべ》がなかった。しかし事態を理解するや否《いな》や、どちらも素早く抜け目ない取引人となって駆け引きを始めた。

「どうだね、皆さん。どうやらあの仔馬に手を焼いておられるようだが、金貨二枚で引き取ってあげようか？」

「そちらのご事情も、似たところじゃないですか。せめて五金を弾《はず》んで下されば、お馬も満足、お屋敷の奥様もご満足。うまく行きますよ」

「どんな代物《しろもの》か知れない仔馬が、五金とは恐れ入るよ。まともな値段とはいえないね。仕方がない。互いのためと思ったのだがね」

将校はいかにも取引を諦《あきら》めたといわんばかり、そのまま立ち去ろうとしたが、しかし馬は動かなかった。それを見て、仔馬を追ってきた召使たちは手を打って囃《はや》し立てたが、若い将校は動じることなく、自分の身分証を出して言った。

「実は私はヴァーラーナシーの軍人で、馬を買いつける仕事をしているのだ。ほら、私の身分証だよ。だがこの仔馬に、自分の判断で五金を払う自信はないね。だが皆さんがあの仔馬の持ち主だと証明するなら、あの坂の向こうの国境《くにざかい》に、隊の駐屯所《ちゅうとんじょ》がある。そこで五金を受け取れるかもしれない」

「馬の持ち主証明だって？……」

召使たちは顔を見合せた。証明書など、お屋敷に連れていってもあるはずはない。

「奥様は書類とか役所とか、聞いただけでもお怒《いか》りだ。荷車を寄越《よこ》して仔馬を引き取りなさるに違いない。だが時間もかかるし、どうですかね、三金で面倒を片づけませんか？」

自分の懐《ふところ》が痛むわけでなし、彼らは万事を三金で処置することで折り合った。

若い将校は仔馬をひき、ヴァーラーナシーへ戻って行った。しかしその途中、彼は何度かこの二頭に驚かされた。田畑を通る度に、母子の姿を見つけた耕作馬たちが側に群がり、通り抜けるのに、散々苦労させられたからである。

将校が騎馬隊に戻ると、ブラフママダッタ王をはじめ将軍や隊長たちが集まり、新しい馬二頭を検分した。しかしそこでも母子の馬は、古くからの軍馬を含め、すべての馬を惹《ひ》きつけるとわかった。

「なぜどの馬たちも、新入り馬をあんなに慕《した》うのかね？」

王のこの質問に答えられる者はいなかった。王は腕組みをして考え込み、やがてこう言った。

「新しい馬たちは各部隊に分けて配属し、訓練を始めよ。母馬と仔馬はしばらく他の馬に会わせず、人によく馴《な》れさせよ。その後、牝馬がまだ仔馬を産めるのか確かめてみよう」

王は二頭を連れ戻した若い将校に、その調教を任せた。

将軍となることを夢見て、まずは隊長を目指していた若い将校は、まさに馬丁《ばてい》の職を与えられて驚いたが、気持ちを切り替えて二頭の世話をした。母馬はやがて牝馬には稀《まれ》な大馬となり、仔馬も調教を素直に受けて若馬に成長するにつれ、並々ならぬ素質が表に現れてきた。身体を左右に振って歩く癖が目立ったが、それは脚が潜《ひそ》めている桁外《けたはず》れの跳躍力のせいだった。そうと知った若い将校は、二頭を原野に連れ出して思う存分走らせた。どんなに離れても母馬は若馬を見失わず、母馬の嘶《いなな》きを聞きつけた若馬は、どこからでもすぐ駆け戻って来るからだった。二頭を自由自在に動かせるようになると、彼は馬を連れて部隊に戻った。

騎馬隊の馬たちはすぐ二頭の新入りを受け入れ、それどころか二頭を軸として素晴らしい動きを示すようになった。若馬を先頭にして俊足を誇る馬たちを組み合わせると、目を見張る突進力を示す突撃隊が出来上がった。しかも突撃の間に、母馬のほうは周囲の馬を率《ひき》いるようにして位置を変え、突撃隊を援護する最適の位置を、乗り手の将軍に先んじて見つけるという能力を見せた。将軍はじめ、将校たちは大いに感嘆した。

「この馬は王様を乗せるために、この国にやって来たのか」

ところが部隊を二分して模擬戦《もぎせん》の訓練を始めると、困ったことがわかった。戦闘の動きを覚えさせようと敵と味方に分け、相手側に突入させようとしても、馬たちは思うようには走らない。互いを傷つける行為を避けているのがわかり、武器を一切持たずに訓練をしてみても同じことだった。

——騎馬隊は、かえって弱くなったのか……。

皆は頭を抱えこんだ。

しかし数か月後、王は不思議な夢を見た。王は騎馬隊の運用をねり直し、やがて部下たちが集められ、王の計画に基づいて、馬の訓練方法が改められることになった。つまりヴァーラーナシーは、国を守る戦略を大きく変えることとなったのである。

数年後、ヴァーラーナシーはなんと、多数の馬を揃《そろ》えた曲馬団を結成し、周囲の国々を巡らせた。曲馬団の馬や乗り手たちの精密かつ玄妙の技《わざ》に、どの国の人々も熱狂した。そして曲馬団が去った後、人々は曲馬団の馬たちがいる間は、自国の馬が思い通りにはならず、あちこちで立ち往生させられたことを思い、ヴァーラーナシーの騎馬隊への戦意を喪失したのだった。

曲馬団の大きな牝馬《ひんば》に向けられる馬たちの畏敬の態度や、その子である若い馬の脚力は、どの国の馬の専門家や騎兵たちの自負《じふ》をも揺るがせ、それぞれの王の自信を打ち砕いた。

彼らはブラフママダッタ王に対する態度を改めるしかなくなった。険《けわ》しさから宥和《ゆうわ》へと変化が進み、ヴァーラーナシーとその周囲の国々との関係は、対等と友好が基本となった。

ある時、王たちが一堂に集まって会議を開いた。いろんな話し合いの後、一人の王がブラフママダッタ王に言った。

「あなたの馬たちのお蔭で争いが無くなり、どの国も豊かになった。あの見事な二頭の馬と、その最高の活用法を見出したあなたの知慧に、私たちは心底敬服していますよ」

「いえいえ、人間の知慧なんかではありません。あの二頭の馬は、生命を何よりも大切にする、宇宙の意志の賜物《たまもの》なのですよ」

ブラフマダッタ王は自分の見た夢について話した。それはアヴァロキティ・イシュパラ（自在に物事の本質を観る者＝観自在《かんじざい》、観世音）と名乗る修行者についての夢だった。

「夢に現れた修行者は人の苦悩を救うため、自分の乗馬《のりうま》をそちらへ送ったと告げました。それが私の乗馬です。そして修行者は私に教えてくれました。国は軍隊や武器では護りきれない。国とは民の心の集まりであり、国を必要とする限り、民の心がそれを護るのだと言うのです。どんな英雄も軍隊も民の信頼をなくすと、あとは無力な者を踏みにじることしかできぬ、無惨《むざん》なものに成り下がります。弱い者に対して武器を向けるだけとなり、必ず敗《ま》けると」

ブラフマダッタ王は、聞き入る他国の王たちに向かって大きく頷き、さらに続けました。

「我が国の民は、それをあの大きな牝馬の親子によって悟らされました。彼らは人間がどんなに駆り立てても、どの馬とも争いません。人も馬も根本は同じで、健全な心を持つ者は、理解し合うことを何よりも喜びます。他を威圧抑圧しようとするのは、魂を病む者のすることに過ぎません。我が軍の騎馬隊は最強ですが、あなた方の国に攻め入って戦うことはできません。あなた方の騎馬隊も我が国で戦い続けることはできないでしょう。観自在修行者はそのことを伝えるため、自らこの世に三十三通りの身を現し、人間を導いておられます。夢を見た後の私は、あの牝馬こそが観自在であると知り、馬頭観音《ばとうかんのん》と尊《たっと》んでおります」

長い物語は終わり、釈尊はその場の人々に言いました。

「今の話は現在の賢劫《けんこう》の一代前、過去の荘厳劫《しょうごんこう》時代に世に出た千人の仏の、九百九十八番目のヴィパシン仏《ぶつ》の時に起きたことです。そのあとシキン仏、ビシャブフー仏を経て荘厳劫の時代は完結し、現在賢劫が始まりました。そしてすでにクラクチャンダ仏、カナカムニ仏、カシャパ仏と三人の仏が現れ、私は四番目に当たります。この時代に生きる有情《うじょう》（生存する者＝衆生《しゅじょう》）が助け合って生命を保ち合えば、後に九百九十六仏が出るまで現世は続くはずなのですが、もし全生命が滅び、この世を認識する者がいなくなると、連続する時間と一刹那《いちせつな》（瞬間）が等しくなり、現世は来世へと一挙に崩落《ほうらく》します。その時はすべての存在するものは存在しないに等しく、意味を失います。不殺生の戒めこそが、最も重要な戒めであることがわかるでしょう」

そして釈尊はしばらく口を閉ざしました。

短い時に無限の想いがこめられたよう再び仏は口を開いて続けました。

「さてこれを知って、皆さんは果たして何を思いますか。どんな遠い昔になされたことであれ、生命あるものが存在する限り、身口意《しんくい》の業《ごう》（カルマ）は、熟《じゅく》しきるまで必ずその結果の影響を次へ次へと及ぼし続け、現在に至ります。それを十分に理解し、見抜く知慧が働かない限り、無限の連鎖に組み込まれて循環し続ける、つまり輪廻《りんね》の輪にとらわれ続けるしかありません。原因と結果を結ぶ因果律の外に出ることは誰にとっても不可能ですが、無自覚に煩悩に身を任すことなく、覚りの知慧を得ることにより無意味な輪廻の罠《わな》から逃れることができます。それを目指す道こそが仏道です。仏道に志《こころざ》した故に、曾《かつ》てヴィパシン仏の時に観自在行者の周囲にいた有情は、宿業《しゅくごう》に導かれて今日、ジーヴァカのこの屋敷において再会することができました。さきほどの物語は即ち私たちが覚りを求めた時の姿、つまり前世における自分の姿を現しているものです」

——では私は、前世であの話の中の何者であったのか？

痛切な自問の沈黙がしばらく全員を覆い、その様子を見届けて釈尊は続けました。

「ジーヴァカよ、情け深く病苦に苦しむ者を助けるあなたが、今日、その身に従う業の熟する日を迎え、期せずしてその前世を明かすよう私に乞いました。それではあなたに尋ねます。さきほどの物語を聞き、あなたは自分が前世で、何者であったか知りましたか？」

ジーヴァカは全身を慄《おのの》かせ、汗を滴《したた》らせてその場に蹲《うずくま》ってしまいました。しかし答えはすぐ、その口を衝《つ》いてほとばしりました。

「仏よ、私はなに一つ物事の本質を見抜くことができぬ愚かな者であり、尊《たっと》い馬たちを追い払った隊商主でありました」

その言葉を聞いた仏は、限りない慈《いつく》しみの目で頷《うなず》き、医師に言いました。

「ジーヴァカよ、あなたは誓願《せいがん》をなし遂げた。あなたは自分のすべての業の重荷を今、熟し終え、宿命通《しゅくみょうつう》（自他の前世の姿を知る神通力、六神通の一つ）を我がものとした。その昔、あなたはブラフママダッタ王だった私の前で、不器用な仔馬としか見えなかったチュッラ・パンタカの、真の能力に気づくことのできなかった自分の不明《ふめい》を深く懺悔《さんげ》しました。そして見るだけでない目を身につけるように励むと、心の底からの誓願を立てたのです。あなたは今日、自ら準備した席で、自分の誓願を完成させる機縁《きえん》を摑《つか》み取りました。今よりあなたは、その目に映るものをそのまま我が見る真実とはせず、その心に浮かぶ思いをそのまま自分の真意ともせず、一瞬の間をおいて真に見抜き、真に諒解《りょうげ》するものに至ろうとするでしょう。そして前に立つ病者の患《わずら》いの来歴を誤りなく見抜き、病いの苦を根源から抜く力を発揮して、名医として広く人々に慕われ、他に尽くす者となるでしょう」

仏は微笑みをその場に遺して去り、人々はしばらく、すべての動きを失いました。無限の時を超えてきた一瞬一瞬の因と縁、それが現在の自分を形作ってきたと改めて気づかされ、それぞれの深い瞑想の中に誘われたのです。やがてそれは深い喜びと安らぎをもたらして、その場を暖かく包みこんでいきました。

おわり

このお話はかなり昔に伝来し、馬と織物との交換など、長谷寺十一面観世音菩薩の利益《りやく》説話「わらしべ長者ものがたり」の原型にあたるものではないかと考えられています。

（仏の三世物語「アヴァダーナ」より）

王の八つの夢

今から二千五百年ほど前、釈尊《しゃくそん》（釈迦族の尊者＝仏陀《ブッダ》）在世の頃の話です。その頃インド北部は十六の大国に分かれていましたが、北西部のインダス河の流域は、北東部のガンジス河流域より文化の先進地帯と見なされていました。そのインダス河流域のアバンティ国に、カッチャーナ（迦旃延《かせんねん》）という若いバラモンがいました。インドではバラモン教の神話により、人は生まれによって四つの種姓《バルナ》に分かれるとされ、最上位種姓のバラモンはバラモン教の祭祀を司《つかさど》り、他のクシャトリヤ（貴族）・バイシャ（平民）・スードラ（奴隷）の、三つの種姓の上に立つものとされていました。カッチャーナはバラモン階級の中でも恵まれた家庭に生まれ、バラモン教の高度の

教育を受けました。しかし社会の実情を見るにつけ、バラモン教の教えに納得しきれぬものを感じ、遂に一人、東インドに向かいました。東インドに仏陀釈尊が現れ、神話をもとにする種姓の差別を否定し、どのような生まれの人間にも、人として正しく精進すれば仏陀となる道が開かれていると説き、その教えは人の心に活気を与え、非常な勢いで広まっていると聞いたからです。そして現実に仏道修行の場に臨み、釈尊の言葉を聞いたカッチャーナは、仏道が前例のない優れた教えだと知りました。

カッチャーナの見るところ、世に広まるどの教えも共通して、多数の修行者を獲得して教団を大きくし、社会に影響を及ぼす勢力となることを目指します。そのため指導者は絶対的な立場に立ち、他の者を服従させます。

釈尊はそんなことには目もくれず、人ひとりずつの人生の真の価値を教え、それを活かせと説きました。人間を抑圧する因習を断固として否定しましたが、しかし闘争など力づくでの是正は認めません。仏道は自分自身の心の制御を目指し、それによる社会全体の向上、つまり仏国土の実現を目指す、息の長い人間改革を目指す道として説かれています。

人の心は覚りを開く可能性を持つ反面、制御しなければ煩悩にとらわれます。正しい修行によってのみ我がことのみに煩《わずら》う煩悩を滅し、深い瞑想によって、心が我執《がしゅう》の牢獄を脱出する瞬間、自分をとりまく周囲の万物が、敵味方の区別なく自分の存在に欠かせぬものであると明らかに感じ取り、微小な存在である自分が、巨大な全体である宇宙と一体であることを覚知《かくち》するといいます。これが覚りの体得であり、覚りを永続させその中にいる者、覚者を仏陀と呼ぶのです。

カッチャーナはその教えに深く魅せられ、釈尊の許で出家しました。そして静座瞑《せいざめい》想《そう》を繰り返して自己の身心を制御し、短期間で修行の最初の成果である預流果《よるか》（宇宙との交感を体験する境地）に到達し、さらに阿羅漢果《あらかんか》（次に必ず仏となる境地）を目指して努め、着実に進歩を重ねていきました。

さてその頃、インド東北部ではコーサラ国やマガタ国などの多くの国が興亡し、国王の出自《しゅつじ》も上位の種姓かどうか定かでない場合が多く、国家の命運や個人の人生は、努力によって切り開けるという活気に溢れていました。しかし激動する社会は、時に逆行も起こします。コーサラ国では釈尊に傾倒したパセナディ王の死後、祇園精舎《ぎおんしょうじゃ》建立《こんりゅう》に寄与したジェーダ太子は斥《しりぞ》けられ、バイドゥリャ王子が跡を継ぎました。

バイドゥリャ王は聡明な人でしたが、自分の出生に関して釈迦族に深い恨みを抱き、人を信じず、怒りに身を任す傾向がありました。それは父のパセナディ王が、王家に釈迦族の血筋を迎えたいと望んだのに対し、コーサラ王家の血筋が必ずしも高貴ではないと知っていた釈迦族の王族や貴族たちが、自国王族の血をひく者と偽って、身分の劣る娘をコーサラ国に送り込んでいた欺瞞《ぎまん》が、パセナディ王の死後に明らかになったからでした。

釈迦族内で自身の母が卑しめられており、父が謀《たばか》られ、自分の出生も虚仮《こけ》にされていたと知ったバイドゥリャ王は深く釈迦族を憎み、遂に釈尊が生まれたカピラバストゥ城を攻め滅ぼし、仏道からは悪生王《あくしょうおう》とも呼ばれました。彼は父や兄が崇敬した仏を嫌悪し、コーサラ国の祭祀《さいし》を古いバラモン教の様式に戻し、仏僧が首都舎衛《サーバッティ》城に托鉢《たくはつ》するのを妨げました。

仏道と深く関わってきた両国の、いかにも陋習《ろうしゅう》による醜《みにく》いもつれは、当然仏道を損ないますが、釈尊の徹底的な出家主義がそれを和《やわ》らげるのに役立ちました。仏道修行者は社会の一切の所属から離れ、厳密な出家生活を送っていたため、バイドゥリャ王も教団や修行者個人を追及することはしなかったのです。

しかしサーバッティ城外に建つ祇園精舎には、多くの仏道修行者が止宿《ししゅく》し、その中には未だ初心の者が多くいます。初心者が混乱するのを防ぐため、その求めに応じて助言できる者として、釈尊はカッチャーナをコーサラ国に赴《おもむ》かせ、そこで修行するように促《うなが》しました。

カッチャーナは直ちにコーサラ国へ行きました。首都の城外には多数の修行者がいましたが、王が仏道の沙門《しゃもん》（修行者《サーマナ》）に城門を閉ざしたため、沙門たちは王城内で法を説き乞食《こつじき》する、いわゆる托鉢の行為はできなくなっていました。

カッチャーナは、バイドゥリャ王に会おうと思い、沙門の身なりを少し変えて早朝の城門を通り抜けました。王宮の前の木陰で身を隠して沙門の姿に戻り、王の姿が現れるのを待ちました。昼前になり王が会見場に姿を見せたのを確かめ、カッチャーナは会見を求める大勢の人とともに、王の前へ向かいました。剃髪《ていはつ》した仏道修行者の姿を見咎《みとが》め、王は早くも大声で、カッチャーナの歩みを制止しました。

「沙門よ、おまえはたった今、死ぬべき者と決まったぞ！」

王は傍《かたわ》らに控える護衛兵たちにカッチャーナを捕らえさせ、刑場に引き立てようとしました。修行僧は言います。

「王よ、何の咎《とが》があって、死をお命じなさるのか？」

王は言下に返答しました。

「そちのその、剃髪した姿を見るのは不吉だ。頭髪は、生え伸びるべきものだ。その方の姿は見る者に生命の衰えを感じさせ、不吉な影響を与える。それがおまえが死すべき理由だ」

しかしカッチャーナは少しも慌てずに言いました。

「不吉を齎《もたら》す者が責任を負うべきだ、とおっしゃるのですね。それなら今、不吉に面しているのは私の方です。なぜなら王は私の姿をご覧になっても、直ちに災厄をお受けになるとは見えませぬが、私は王に出会っただけで、すぐさま殺されようとしております。思うに私は不吉を齎すよりも、不吉を蒙《こうむ》る者ではありませんか？」

バイドゥリャ王は元来が聡明な人です。弁の立つカッチャーナをこのまま殺害すると王への不信を芽生えさせかねぬと、彼を解き放ちました。しかし、ひそかに二人の役人に彼の行動を見張らせ、再び捕らえる機会を窺《うかが》いました。

王宮を出たカッチャーナは、仏道沙門の戒をまもり、托鉢して食を得、受けた食を近くにいた修行者と折半《せっぱん》して食べ、城外へ出て樹下座《じゅげざ》し、三昧《さんまい》を修して夜を過ごしました。

二人の役人の報告を聞いた数日後、王は会見しようとカッチャーナを王宮に呼び、長時間待たせた後、召使の食べ残した残飯を盛って供し、食事の様子を物陰から観察しました。カッチャーナは淡々と食を摂《と》り、王との会見を待ちます。王は自分の姿を見せず、人をやって尋ねさせました。

「只今の食事は、お気に召しましたか？」

修行僧は眉毛一本動かさず偈文《げもん》を唱えます。

衣食《えじき》は身命《しんみょう》を支え　精麁《しょうそ》は衆に随《したが》って得る

使いの者はその様子に畏敬を抱き、意味を尋ねました。

「衣食は身命を支えるに足ればよし。食は調理したか素材のままかは問わず、人々が食した後でいただく。これが修行者の心得です」

数日後、味のよい上等の食事を供し、再び問わせました。

「お気に召しましたか？」

カッチャーナの答えは少しも変わりません。王はそこで姿を現し、施食が異なるのになぜ同じ答えなのかと質《ただ》しました。カッチャーナは答えます。

「そもそも口と身は、竈《かまど》と鍋のようなものです。竈は栴檀《せんだん》のような香木も焚けば、牛馬の糞なども燃やします。いずれにしろ鍋の水は温まります。人の身と口もそのようなもので、手間をかけた料理であれ、素材そのままの食事であれ、身体を動かすに足るだけいただければ十分であります」

王は黙って聞き入っただけでした。

ほどなく宮殿で、定例の大祭会《さいえ》が催され、きらびやかな法衣を纏《まと》ったバラモン教の司祭たちが招待されました。祭会に先立って出された施食は質素な粥だけでした。司祭たちはほとんど手をつけず、やや不機嫌な様子です。しかしすべてが終わってから出された豪華な祝膳を目にし、雰囲気が一変しました。皆が上機嫌で飲食し、王に感謝して王宮を去っていったのでした。

王は物思いに耽《ふけ》り、無口になりました。その心中には、仏とその一族に対する怒りが、簡単に消えるはずもなく渦巻いています。とはいえ長年の怒りと、それに伴う孤独に冷えきった若い心が清冽《せいれつ》な精神の存在を知り、それをいつまでも退け続けることはできません。

仏弟子カッチャーナのゆるがぬ道心が、王の心に少しずつしみとおり、変化を促し始めていました。修行僧が直接に王と話す機会はさほどなかったものの、カッチャーナの姿を見る度に、王は少しずつ自分自身の心を解きほぐしていくかのよう、勇気をもって入城をこころみる他の修行僧らも、不問に付されるようになりました。

その頃サーバッティ城内に西方からやって来た一族がおり、皆、仏道に帰していました。その中に美しい娘が一人いて、彼女の青い瞳と磨いた象牙の如き肌、ガンジスの川面《かわも》を照らす黄金の朝日のように輝く髪は、周囲の人たちの目を奪うほどのものでした。

雨期が巡り来て、カッチャーナが安居《あんご》（酷暑を避け、寺院内に籠もること）に入る日が近いと聞いたその娘は、祇園精舎にとどまって安居されるようにと願い、みずからの髪を切り落とし、五百枚の金に換えて安居の供養にと呈しました。カッチャーナは金貨の得られた経緯《いきさつ》を聞き、いささか驚きましたがその供養を受けて祇園精舎で過ごし、安居を終えてまた城内に戻りました。王は久しぶりのカッチャーナを、待ちかねたように王宮に招きました。

「尊者よ。この夏は、どのあたりで安居されたのか？」

その呼びかけに王の心が和らいでいるのを知り、カッチャーナは若い娘の思いがけぬ供養を受け、多数の僧を祇園精舎に招き、無事に雨期を凌《しの》いだと話しました。王は驚いて言いました。

「我が宮中にも美しい髪の侍女が多数いるが、その髪すべてと換えても、金貨百枚に値《あたい》するとは思えない。そのような並外れて美しい髪の娘が、我が国にいるとは初めて聞いた」

王は大臣に命じ、娘のことを調べさせました。それまで宮殿の女性たちにも容易に心を開かず、正妃を定めなかった王も、好奇心を抑えきることができなかったのです。王は髪を失った娘の美貌と清純な心の魅力に屈し、遂に彼女を正妃としました。婚礼の日は国の慶祝の日とされ、その翌日には、大赦《たいしゃ》が行われました。正妃はシバクシャー妃と呼ばれ、一年後には、キョウバラ太子が誕生したのでした。

こうしたことから王の仏道に対する態度は和らぎを見せ、カッチャーナを喜ばせました。こうして月日が過ぎたある夜、王は八つの夢の中で八つの悪夢の連続に遭遇したのです。

最初は自分の頭上に火が燃え盛り、驚き慌てていると二匹の蛇が腰に巻き付き、次いであっという間もなく細い鉄線の網が、全身に絡《から》みつきます。ようやくそれを脱ぎ捨てると、赤い二尾の大魚が足を銜《くわ》え、しかし四羽の鳥が王を水から引き上げました。よく見ると四羽と見えたのは実は二羽で、一羽に二つずつの頭が生えていたのです。鳥が飛び去った後、疲れ果てた王は全身から血膿《ちうみ》を流し、大地に倒れ伏しました。そこへにわかに雹《ひょう》を交えた大雨が降り、血膿は流されましたが、王は虚脱して動けません。その時大きな鴉《からす》が頭上を飛んで巨大な糞《ふん》を落とし、王が思わずそれを呑み込んだかと思うと、ようやくそこで目が覚めたのです。

王の全身は汗にまみれ、胸は波打ちました。シバクシャー妃も目を覚まし、王の打ちひしがれた姿に驚き、何があったのかと尋ねます。しかしバイドゥリャ王は、不安が国内に拡がることを恐れ、妃には何も話しませんでした。

次の日、王は以前から夢占いや厄払いを担当させてきた祭祀長のバラモンはじめ、宮廷所属のバラモンたちを密かに招集し、夢について諮問《しもん》しました。

祭祀の間に集合したバラモンたちは、夢に嫌悪を感じました。しかし皆で夢のそれぞれを検討するうちに、彼らはそれを、絶好の機会だと受け止めるに至りました。カッチャーナというバラモン出身の裏切り者の所為《せい》で、再び盛んになりかねぬコーサラ国の仏道を、この際この国から徹底的に排除するために利用しようではないか……。

バラモンたちは智慧を絞り、祭司長が王に答えました。

「王様、お尋ねの八つの悪夢は国にとって、実に恐ろしい災厄の前兆です。祓《はら》い浄めるのは並大抵なことではありません。災厄は何としても阻《はば》まねばなりませんが、それを実行するのは、王様にとって実に大変なご負担かと、憂慮する次第でございます」

「国王一身の災いと国家の危機、区別することはできないであろう。打開の手立てがあるなら、どんな犠牲を払っても実行するしかあるまい。何が必要か、遠慮なく申してみよ」

「確かにこれは国難の前兆であり、現在のこの国の状態を、神々が戒《いまし》めようと考えておられるのは間違いありません。神の怒りを鎮めるためには、畏《おそ》れながら王が大切になさっている七つのもの、それらを犠牲として供すほかには方法がございません。その七つに加えて王の苦悩と悲しみが八番目の犠牲となり、八つの悪夢から、王と国家の安寧《あんねい》は守られましょう。さてその大切な七つとはシバクシャー妃とキョウバラ太子、筆頭大臣と侍従長、王の行幸用の象と乗馬《のりうま》、そして禿頭《とくとう》の修行僧カッチャーナ。これら合わせて七つの命を七日間連続で捧げることです。さればその犠牲は天に通じ、神々は納得されるでありましょう」

払うべき犠牲の大きさに、さすがの王も即答ができません。しかし祭司長のバラモンは災厄の日は迫り、他に方法はないと断言しました。遂に王はバラモンたちに同意を与え、準備に取りかからせたのです。

その夜シバクシャー妃は、憔悴《しょうすい》したバイドゥリャ王の様子に驚き、理由を尋ねました。

王は返答を渋りますが、何も話さずに命を奪うことはできぬと思い、見た夢とその意味について王妃に話し、国のために命を捧げよと命じました。悲嘆にくれてシバクシャー妃は泣きましたが、遂に言いました。

「幼いキョウバラが哀れですが、国のためというのなら、私たち母子に逃れる道はありません。でもそれならば、明日にでも最期を遂げることになるやもしれず、どうか今日のうちにカッチャーナ尊者に、最後の教えを受けるのをお許し下さいまし」

王は国の秘密が漏れる恐れがあると、妃の申し出を拒否しました。しかしいずれ呼び出すべきカッチャーナを今すぐ王宮に召し出すに過ぎないと気づき、王妃の願いは受け入れられ、修行僧は王宮に参上しました。

王の見た夢のことを尊者に話しながら、王妃は再び泣きました。自分や王子のことしか考えずに時を過ごし、尊者を国外へ逃れさせる手立てもあったのではないかと、ようやく気づいたからでした。しかしカッチャーナは、満面の笑みで応えました。

「いえいえ、私はここから出ていくつもりは全くありません。どうかご心配なさらないで下さい。そして王様にも心配はないとお伝え下されば、まことに有り難く存じます。思うに王の見られた夢は、すてきな吉夢だと申し上げておきましょう」

王宮に留め置かれると知ったカッチャーナは、そのままその場で禅定を修します。王妃のよこした使いからその言葉を聞いた王は、驚いてカッチャーのところへやって来ました。

「国難を免れるため、あなたの命をいただかねばならぬと思っているが、なぜ私の夢が吉夢なのか、聞かせてほしい」

「それでは王から直々に、夢を一つずつお話し下さい。見られた夢の真の意味を、一つずつ順を追ってお話しいたしましょう」

カッチャーナの言葉を聞いた王は、まず最初に自分の頭上で燃えた火が、どれほど激しかったかを話しました。カッチャーナは頷《うなず》いて聞き、直ちに言いました。

「王はこの世に存在する万物すべてが、空《クウ》・風《フウ》・火《カ》・水《スイ》・地《チ》の五大《ごだい》を元素として成立するとご存知ですが、この五大は空間と熱、気体、液体、固体という三つの様態《ようたい》を表します。つまりすべての物質は空間に存在し、熱をどれだけ含むかによって固体、液体、気体と次第に自在なものとして存在します。その中で生命にとって最も大切なもの、それは熱です。王の頭上の火は、命を保つ熱、国を保つ産業の活動を意味しております。王を中心として国が発展することを示す、最初の夢は正に吉夢です」

「うーむ、では二匹の蛇が私の腰にまといついたのは？」

「威力ある蛇が腰にいるのは、利剣を腰に帯びる意味、強い武力を示します。国が分立する限り、ある程度の武力はやむを得ず、国を安泰にする吉夢でございます」

「それなら鉄の網が絡みつき、息苦しかったのはなぜか？」

「泰平が続き、恐れながら王におかれては、戦衣に慣れておられぬのではありませんか？　下着の上に柔らかくて強靱な鎖帷子《くさりかたびら》を着込み、さらに鎧と兜をつければ固い防御が完成します。蛇と鉄網は王とこの国が防備されていることを意味し、これも吉夢と申すほかありません」

「……では、赤い大魚に足首まで呑まれたのはどういうことか？」

「魚は煩悩の網の目を潜り、するりと解脱する頓悟《とんご》（速やかな覚り）の象徴であり、誰しも魚を手に摑《つか》むと喜びを感じます。インドラ神（帝釈天《たいしゃくてん》）に次ぐヴィシュヌ神の足裏には、いつも二尾の魚がいて神を支えております。王は赤い魚の沓《くつ》を履《は》き、まさに神の如く水を渡ろうとされました。履きこなされるならば、水難を恐れる必要もございません。四番目のこの夢もまた吉夢です」

「首が二つある、異形の鳥に助けられたとはどういうことか」

「それは共命鳥《ぐみょうのとり》に逢われたということです。その鳥は一身に双頭と二心あり。善悪に分かれ争い、遂に相滅《ほろ》ぶ故事が古い聖典に記されており、悪心を抑え双頭が助け合わねば生きられぬ者です。夫婦は二人一体となり二体一心で助け合わねば、良き子を生み育てることはできません。国もまた同じであります。即ち民が王を助け、王が民を慈《いつく》しむのが根本です。だが民無くて国無し国無くして人有り、国が先にあるのではありません。それを忘れぬ王の許《もと》で、初めて民が安らぎます。人のあり方の根本の姿に助けられる、五番目はこの上なき吉夢です」

「そうなのか……だが私は、全身から血膿を流して倒れたのだが……」

「ここから最後までの三つの夢は、一まとめに申し上げましょう。人とは何か。まさしく血と肉と糞《ふん》と善悪二心と数多くの煩悩を詰め込んだ、一つの皮袋にほかなりません。その本質を賢明な王が見抜かれた、まさに吉夢です。この内なる汚れを天地の循環を象徴する雨が洗い流し、そこへとどめの一撃となるべき天からの衝撃。それは貴《たっと》きものとして来るか、あるいは卑俗汚穢《ひぞくおえ》なるものとして来るのかは、時によりわかりませぬが、鴉《からす》の大糞の如く唐突に訪れて、人を大悟させます。その日がいつか王に訪れることが約束されたも同然。誠にめでたき吉夢と、お慶《よろこ》びを申し上げます」

カッチャーナは王の夢を詳しく解き明かし、畏れ惑っていたバイドゥリャ王を安心させました。気を取り直した王は、王妃と幼い太子に自分の不明を告げて詫び、多数の命を犠牲にしようとした者たちには、その責任を問い、相応《そうおう》の報いを受けさせました。さらにカッチャーナ尊者に対しては、改めて自ら仏道を学ぶことを誓ったのです。

仏の全幅の信頼のもとに難局に立ち向かった弟子は、厳しい修行によって勝ち取った心の深さと明るさにより、こうしてその責務を十分に果たしたのでした。

おわり

（「雑宝蔵経」より）

ドルマとタレプシン

昔むかしのチベット高原奥地でのことです。天から翡翠《ひすい》のかけらが落ちてきたような小さな緑の湖があり、まわりに草地がひろがっていました。それを見つけてやってきた小さな家族がいましたが、両親が早く死に、残された未成年の兄妹がヤクと呼ばれる大型の牛と羊を数匹飼い、テントで暮らしていました。辺りには村もなく、頼りになる者は誰ひとりとしておりません。それどころか、会う人もめったにいないような辺境でした。

ある日、兄のドジェは自分が長い間ヨーグルトを食べていないことに気づき、妹に言いました。

「ドルマよ。たまには俺にも、ヨーグルトを残しておいてくれないか」

「兄さん。あなたは毎日、丼《どんぶり》いっぱいのヨーグルトを食べているのに、そんなこと言わないで！　食べていないのは私のほうよ」

「そんないい加減なことを言うな。確かにヨーグルトを入れる丼は俺のだが、帰ってきたら、いつも空っぽじゃないか」

「私は兄さんの丼に、毎朝ヨーグルトをいっぱい入れているわ。ヤクのミルクからバターを少しでも多く作って、それを穀物と交換するのだから、私は自分では、ひとさじのヨーグルトも食べてはいないのに……」

その日のドジェは、ドルマの悲しそうな顔が瞼に焼きついてしまい、気持ちが落ち着きませんでした。と言うのも彼は妹が嘘など言わないと信じており、しかも妹を心底大切に思っていたので、自分の言葉が、どれだけ彼女を傷つけたかわかっていたからです。しかし疑問が残っています。

――ドルマが辛抱しているのはよくわかってるが、でも俺の丼にヨーグルトを入れてくれているのなら、それを空にするのは、いったい誰なんだ？

ドジェはヤクたちを牧草地に連れて行くと、そこから急いでテントへ戻りました。

自分たちがいない間に、どんなことが起こるのか見届けようと思ったのです。彼は使い慣れた弓と矢を持ち、箪笥《たんす》の陰に身を隠して見張りました。

日射しが陰《かげ》り風がピューと吹くと、テントの入り口近くで、ヤクの乾いた糞が転がったように見えました。ドジェが目を凝らして見ると、それはタレプシンという魔《ま》物《もの》でした。ドジェの踵《かかと》くらいの身の丈《たけ》なのに偉そうに顎鬚《あごひげ》を伸ばし、腰に手を当ててテントに入って来ると、丼の中のヨーグルトを、あっと言う間にズルズルとみんな食べてしまいました。

タレプシンは顎鬚についたヨーグルトを指で拭《ぬぐ》い、

「これはうるさいドジェの分だ」

と、丼の縁《ふち》になすりつけました。それを聞いたドジェはかんかんに腹を立て、弓に矢を番《つが》え、タレプシンに向かって放ちました。

ドジェは弓の名手です。彼は幼い頃から干した麦稈《ばっかん》や花の茎を矢に、父親が作ってくれたおもちゃの弓で、ヤクに群がる虻《あぶ》を射落とし、練習を重ねてきました。今では本物の矢を使って百発百中の腕前になり、チビのタレプシンになど、馬鹿にされるつもりはありません。しかしタレプシンは並外れたチビではあっても、知るものぞ知る剛の者です。この魔物は絶えずムダ口をたたくトボケた奴と見せかけて、実は底深い魔力を隠しているのです。

「ハ・ハーン、この矢は放たれたところへ戻れ！」

タレプシンは、きっとその目に魔力をこめて、飛んできたドジェの矢を睨《にら》みました。するとと矢はまるで赤子の歩みのようにのろくなり、タレプシンは無造作に指先で矢を摘《つ》まみ取り、そのままドジェの方へ投げ返しました。矢を射たドジェの右手《めて》がまだ後ろへ伸びきらぬうちに、タレプシンの力を加えられた矢は倍の勢いで飛び、矢筈《やはず》の方からドジェの胸に当たりました。すごい勢いで心臓を打たれ、ドジェの心臓はそのまま止まってしまいました。

タレプシンは少年の身体を寝床に横たえ、唇を麦稈《むぎわら》で上下に支え、笑い顔に仕立てあげました。

「ホ・ホーィ、ヨーグルトで腹いっぱいになったかい？」

昼過ぎ、牛たちの許からテントに戻ったドルマは、ドジェが笑っているのを見て言いました。

「兄さん。朝は怒っていたけれど、機嫌を直してくれたのね。ヨーグルトは食べたの？」

ドジェは返事をせず、ただ笑ったままです。またふざけてる、とふくれたドルマが兄の肩を揺さぶり、ようやく兄が呼吸をしていないのに気づきました。ドジェの上着が破れ、心臓を強く打たれたか、胸が青黒く腫れているのを見て、ドルマは叫び声を上げました。

「なぜこんな惨《むご》いことを！　私たちは慎《つつ》ましく暮らしてるだけなのに、なぜこんなひどいことが、私たちに起きるの？」

もうこんな恐ろしいところに居られない、だが弔いをせねば……。

ドルマは兄を抱きしめて、その夜をテントで過ごしました。

夜が明けました。ドルマは家中のバターをバターランプに詰め、火を灯《とも》しました。なぜなら死んだドジェは、四十九日間のバルドウ（中陰《ちゅういん》）に入るので、死者の足もとを照らす火を灯してやるのは、遺族にとっていちばん大切な勤めだからです。ドルマはその日一日をかけて兄の屍衣《しえ》を作り、遺体を石塊《いしくれ》を集めて埋葬し、その頭のところにバターランプを置いて石で灯りを囲います。それからドルマはテントに火をつけ、すべてを焼きながら祈りました。

「十方の諸仏・諸菩薩よ。慈悲深く天眼《てんげん》（神通力の一つ＝智慧の眼）を備えた方々よ。我が兄ドジェはこの世を去ってあなた方のところへ行こうとしています。庇護《ひご》する者のないドジェを、脅威と恐怖、大いなる暗闇からお護り下さい……」

それは父母が死んだ時、兄妹が繰り返し唱えた守護祈願文です。一人で唱える祈禱は少女の孤独をいっそう辛くしましたが、その間にも葬礼の煙は天へ薄れていき、祈禱を終えた少女は持ち物もなく、兄を殺《あや》めた敵から逃れる旅に出ました。

恐怖と悲しみに足はもつれ、ドルマは人や獣の通う道を少しずつ踏み違えます。そして気づかぬうちに魔界へ踏み込んでしまい、やがて巨大な黒いテントの群れを見つけました。

――これはきっと、お金持ちの遊牧民だわ。もしここで働けたら、敵の手を逃れられるかもしれない……。

魔界とは気づかぬドルマは、一番大きな正方形のテントの入り口に立ち、案内を乞いました。しかし誰もいないようです。恐る恐る中へ入った少女は、置かれた品物の豪華さに目を見張りました。テントの東側には真鍮《しんちゅう》の輪で締めた木製の筒桶や釜、銅板で飾られた箪笥などの家具。南側にたくさんの穀物袋や塩漬け肉、燻製《くんせい》肉があり、西側には羊毛や水鳥の羽、なめした皮などがうず高く積まれていました。北側には水桶やチーズやバターが調理器具とともに置かれています。

――まぁ、すてきな柄《え》つきのお鍋！　この調理場で料理を作れたら……。

置かれた品々から生み出される空想の生活に身を任せかけた時、外で馬の嘶《いなな》きが聞こえ、続いて何ともいえぬほど邪悪な感じの声が響きました。その声を聞くなりドルマは、他人の住まいに立ち入っていることも忘れて、家具の陰に身を潜めたのでした。

馬やヤク、羊たちに命令する声が聞こえ、やがて声の主がテントの中に入ってきました。ドルマが驚いたことに、声はずば抜けて大きく響くのに、入ってきたのはこともあろうに彼女の掌《てのひら》にのってしまいそうな小さな者です。しかしその姿にかかわらずひどく恐ろしい相手だということを、賢明なドルマは、声を聞いただけで疑う余地なく悟《さと》りました。

――ああ、私はなんて不幸なんでしょう。あれは話に聞くタレプシン、きっと兄さんを殺したのに違いない……。

さてタレプシンは、テントの真ん中に立ち止まりました。

「やや、人間界でもないのに人間の匂いがする。それも若い女の匂いだ。うーむ。俺様にもどうやら嫁御《よめご》が来たのかな」

それから急に大声で笑いました。

「ワ・ハッハー。俺様も馬鹿だナ、少し前に女の赤ん坊を食べたばかりだ。人間の匂いがするのも当たり前だろう」

ドルマが覗《のぞ》いていると、タレプシンは伝説で語られる通りとてもチビですが、ときどきこの巨大なテントにつっかえるほど大きく見えたり、絶えず揺らめいているようです。

「喉が渇いたぞ、ヨーグルトでも食べようか、いや自分のものを食べるなど無駄なことだ。人間を苛《いじ》めて食べてこそ、味わい深いというものだ。では新しい毛布を敷いて眠るか、いやいや、無駄なことはよそう。粉挽機《こなひきき》の真ん中の穴に布巾《ふきん》を敷き、そこで眠れば十分だ。そうだ、明日は奴隷に命じてテントの大掃除をさせ、水屋の布巾や空いた穀物袋も陽に干させよう」

それを聞いたドルマは、逃げ出すことができるのは今夜中だとわかりました。しかし、気づかれずテントを出るにはどうすればいい？……。タレプシンの独り言は続きます。

「俺様は、湖のほとりに住んでいるドルマが気に入った。あの子をここに連れてきて俺様の嫁にしよう。そのために邪魔なドジェはもう片づけた。あとはドルマがその気になるのを待つだけだ。あの子がここに来て嫁になったら絶対逃げられないよう、テントの戸口にはいつも番犬トックルンカルを座らせて、見張らせることにしよう。ワ・ハッハー」

ドルマは悪魔の独り言を聞いているうちに、どうしようもなく暗い気持ちになりました。

――父さんや母さんが死んでから、私には一瞬といえど、気持ちの安らぐ時はなかった。ドジェまでがいなくなった今、いっそ死んでしまったほうがいいのだろう……。

すると独り言がまた続きます。

「もしドルマが絶望して死んでしまっても、大丈夫だ。俺様の持っている黄金の壺の霊水さえあれば、どんな心臓も元通りに動き出すのだから、娘はまた生き返る」

――死ぬことさえできないのか！　自分の思い通りにできることは、もうどこにも何一つ残されてはいない……。

あまりにも深い絶望と悲しみに、遂にドルマは自制を失い、すすり泣きを漏らしました。それが聞こえたのかどうか、タレプシンは淡々とした口調で独り言を続けます。

「ハ・ハーン、死んだものを生き返らせる法があるのに、ドルマはそんなことは知らぬ。ドジェだって一滴の血も失っていないのだから、黄金の壺の霊水さえあれば、たちまちもとの元気を取り戻す。ドルマが俺様に頼みさえすれば、兄を心配することもなくなるのだ。だがあの粗末な墓に放置され、そのまま朽《く》ちさせてしまうなら、地獄へ堕《お》ちるしかないだろう」

遂にドルマは、あたり憚《はばか》らずに泣きだしました。ドジェにバルドウ（中陰）を通り抜ける機会すら与えられないのなら、確かに地獄へ堕ちるに相違ない。彼女はタレプシンのことも忘れ、兄の魂を案じました。

一方魔物のタレプシンは、ドルマの様子を注意深く窺《うかが》っています。綿密に立案した計略が成功してドルマをここまでおびき寄せたが、少女の魂を征服し完全に服従させるには、最後まで細心の注意を払い、仕上げなければなりません。魔物は今は言葉を使うのを止め、黙ってドルマの心を測りました。

——フム・フーム。自分の意志でここに来たと思いこみ、俺様が何も気づかず独り言を言ってると思いこんでいるぞ。さあどうだ。不安と恐怖を与え続けたあと微かな希望を持たせ、次の瞬間容赦なくそれを打ち砕く……。俺様が練り上げた心神操作術《しんしんそうさじゅつ》は完璧だよ。間もなくドルマの魂は完全に絶望し途方に暮れ、それから次第に俺様に頼り、俺様に従って安心するようになるのだ。少し時間はかかったが、可愛い新妻《にいづま》の出来上がりだ。オヤ、もう静まってきたようだ。思ったより抵抗は弱かったナ。さあ今の間に少し休み、ゆっくり慎重に、仕上げを楽しむことにするか……。

ドルマの泣き声が止み、魂の脈動が静まったのを感じて、タレプシンはにんまりと笑い、ほっと気を緩めました。

その時ドルマは確かに生きる力を失い、彼女自身がバルドウに近づいていたのでした。しかしその時、自分のものか誰のものか、微かな祈りの声が、遠く彼女の耳に届きました。

愛する者から離れ
ただ一人バルドウに彷徨《さまよ》う時
我が心の投影に過ぎぬ空《クウ》が

我が眼を覆い隠そうとする。
今この時こそ　諸々《もろもろ》のみ仏よ
慈悲の光をわれに恵みたまえ。
我が愛する者が慄《おのの》かぬよう
我が道を明々《あかあか》と示したまえ。
私を案じるがために
愛しき者が力を削《そ》がれぬように。

——近づいてくるあの声、あれは誰の声？　ドジェの声？　兄さんが近づいて来る……。きっとそうだ、あれは兄さんの祈りの声だ。悲しみに打ち負かされぬよう、あちらから、私のために祈っているのよ。そうだわ、そうに違いない。だから私も魔力なんか跳ね返し、自分たちの魂を助けなくちゃ。

ドルマは一心に兄を思い、自分たちに心を残しつつ先立った、両親を思って祈りました。

しばらくすると、彼女の心は日溜まりの中のバターのように柔らかく温められ、落ち着いてきました。溶けたバターがゆったりと身体の内側から全体にしみとおるように心が温められ、満たされるのがわかります。そしてその温かみが次第に形あるものとなり、ドルマはそれを確かめようと心を凝《こ》らしました。

――あ、観音さまだ！　私たちのテントの仏壇に祀った観音さまのお姿が見えてきたわ……。

ドルマは生まれ育った家族に守られ、観世音菩薩に守られていると感じました。彼女の兄への思いが、家族の連帯の力を呼び覚まし、彼女はすっかり落ち着きを取り戻しました。それに気づかず、魔物は安心しきって、自己満足の独り言を楽しみ始めました。

「俺様は誰も打ち負かせぬ悪魔の王だ。しかし弱点はある。ドルマの意識が弱まっている今のうちにそれを聞かせておき、俺様を気遣う心が芽生えるようにしておこう。さて、俺様の眠りが熟睡《じゅくすい》でない時には『ハール』のいびきをかく。熟睡するといびきは『フール』に変わるのだ。その短い間だけは、雷が耳元で鳴っても目を覚ますことはない。その間に俺様のからだをヤクの角の中に入れ、角の口をヤクの糞を湿らせたもので塞《ふさ》いで火に投げ込めば、俺様の運命はどうなることか。だからドルマよ、この弱点から俺様を護るのが、妻たるおまえのいちばん大切な責務なのだ……」

観世音菩薩の庇護により回復し、感覚が鋭くなっていたドルマはタレプシンの言葉を一言も聞き漏らしませんでした。しかし決意を秘めた彼女の心は波立つことはなく、タレプシンは察知することができません。やがて魔物は眠り始め、ハールのいびきが響きます。身じろぎもせず待ち受けるドルマの耳に、真夜中ごろ、遂にフールのいびきが聞こえました。少女は勇気を奮い起こして立ち上がり、ヤクの角と湿った糞を用意し、タレプシンの寝床の粉挽機に近づきました。そして悪魔の萎《しな》びた杏《あんず》のような身体を摘み上げ、手早く角の中へ入れて湿った糞でしっかりと口を塞ぎました。

フールのいびきはハールに戻り、湿った糞の猛烈な臭気で鼻がゆがんだタレプシンは目を覚まし、瞬時に事態を把握しました。悪魔は言いました。

「フム・フーム。独り言の魔術に嵌《は》まったな。娘よ、俺様を火に投げ込め！　俺様はおまえのそばに居る無力なドジエの魂を盾にするから熱くも何ともないが、おまえは実の兄の魂を焼くことになるのだ。そうなれば、二人とも地獄に堕ちるしかないんだぞ」

それを聞いてドルマははっとして立ち止まりました。兄のドジェを、どうやって助ければ良いだろう……。そうだ、黄金の壺はどこ？

それは衣装箱の上に置いてありました。ドルマはヤクの角と壺を手にし、しかし、はたと立ち止まりました。

――ここまで聞いたことが、どこまで本当か、どうして確かめたらよいのだろう？

彼女は少し考えました。そして決然とした足どりでテントを出て行こうとしました。

「おいおい、どこへ行く？　ハ・ハーン、先にドジェを生き返らせる気だな。それは良い思案だが、霊水の使い方がおまえにはわかるまい。どうだ、ここから俺様を出しさえすれば、かならずドジェを助けると約束するぞ」

それを聞いてドルマは心の底から安心したのでした。タレプシンは自分の力では、ヤクの角から出られないのよ……。

力を取り戻したドルマはゆっくりと家路を辿りました。そして兄の遺体を石塊の山から掘り出し、黄金の壺の水を有らん限りザブザブと、ドジェの全身にたっぷりし注ぎました。大きなくしゃみとともにドジェは生き返り、ドルマは兄に今までのことをすっかり話して聞かせました。

「タレプシンを捕まえたって？　おまえは優しいだけじゃなく、本当に勇気があるんだな。よし、タレプシンは俺に任せてくれ。思い切り、御礼申し上げてやるからな」

ドジェはチベットに伝わる知識のありったけを絞ってタレプシンを脅しつけ、震え上がらせるのに成功しました。そして忍耐強く待ちさえすれば回復する黄金の壺の水で雨を降らせる方法や、その水を呑ませてヤクのミルクを沢山出させる方法など、皆に役立つ智恵をたくさん聞き出しました。そして最後はさんざん恩に着せた上で、殺すのは赦してやり、タレプシンを入れたヤクの角を、山の万年雪に埋めたのです。こうしておけば皆がタレプシンのことを忘れても、雪や氷がすべて解けてなくならない限り、ヤクの糞が乾くことはなく、悪魔が外に出ることはないでしょう。

それからの兄と妹は、一所懸命に働くにつれて豊かになり、それぞれ優しい妻と優しい夫に巡り合いました。そして高原の奥地に二つの家族を祖先とする村が生まれ、無事に栄えたのでした。

おわり

（チベットの民話より）

本朝造仏事始記

一、司馬達等《しばたっと》の遺文《のこしぶみ》

年経て生きた我が身にとって、我が一族が倭《やまと》へと海を渡った日のことは、つい昨日のことのように甦《よみがえ》り、ようやく一時の安らぎを得ることができたのも、これもまたつい先ほどのことであったように思えたりもする。だがここに至る歩みを振り返れば、やはり永い辛苦の連続であったというほかはない。今この安らぎの時を得て仏恩に謝し、一族の来し方行く末について、記憶とともに些《いささ》かの存念を書き記す。

庭に響く高い呼び声は、孫たちであろう。今やそれを誰《た》が声ぞと、我が耳は十分に聞き分けることも叶《かな》わぬが、いつかあの者たちが我が筆跡を辿り読む日のあることを思えば、熱いものがこみあげるのを覚える。まことに未だ命あるは有り難きかな、嘉《よみ》すべきかな。

我が司馬《しば》の一族は、漢朝以来の名家であり晋《しん》王朝の支族であった。それゆえ晋朝滅亡後の苦難は、筆舌に尽くし難いものであったという。時あたかも華北《かほく》の地は匈奴《きょうど》に侵され、我が先祖は江南へ逃れ、さらに一転して南韓《なんかん》の地、百済《くだら》へと流転放浪を続けた。

しかし韓の地も、北狄《ほくてき》の絶えざる侵寇《しんこう》を受け、決して安らぎの地ではなかった。すでに故郷を失った我らは、さらに海を渡ることに決め、倭の地に辿り着いたのである。

倭の地は渡来人のたまり場、さらに東へ進む余地はない。それ故に人は止まり、古く来た者は新来の者をともすれば白眼《はくがん》に見る。そして肩を狭《せば》めて加わった者も、いつか同じ目を備える。声を響かせて庭に遊ぶ者たちはもはや肩を狭めてはおらず、憚《はばか》るところなく闊達《かったつ》に笑っているのだ。

とはいえ、倭にも内紛が続いた。というより倭に、統一は未だ完成してはいなかった。飛鳥の地に大王《おおきみ》と称する政権はあったが、その王統をめぐる争いは激しいものであった。

我らが飛鳥《あすか》に住まいを定めた頃、飛鳥に大王は不在であり、豪族たちは正当の王位を誰に認めるかで、紛議と抗争を続けていた。王位を継いだと称する継体王《けいたい》が筒城《つつき》（綴喜《つづき》＝京都府南部）から弟国《おとくに》（乙訓《おとくに》＝京都府長岡京市付近）に宮居《みやい》したものの、抵抗する勢力を排して飛鳥に入れたのは、我らよりさらに四年の後、即位を称した時から二十年を過ごしたのちとのことだった。その後も筑紫《つくし》には大規模な動乱が起き、吉備《きび》、出雲《いずも》、近江《おうみ》などに盤踞《ばんきょ》して、容易に飛鳥に従わぬものありと聞く。

倭へは漢土（中国）から直接の渡来も多く飛鳥にも東漢氏《やまとのあやうじ》が先来し、仏もすでに渡来していた。それらの支援を受けて我らは、鞍《くら》作りの技でこの地の朝廷に仕えることになった。韓土で習得した皮革の技能が身を助け、嫡男多須奈《たすな》を中心に一族の者が鞍作りに励み、飛鳥の朝廷や豪族に認められて村主《すぐり》の姓《かばね》を許された。今は一族あげて鞍作りと呼ばれ、我は鞍作村主と称している。この状態ある限り一族の立場にしばし小康は得られよう。

継体王の没後、安閑《あんかん》王、宣化《せんか》王と続く系譜と、二人の大王の異母弟欽明《きんめい》王を立てる勢力が対立し、二つの王統が政権を巡って激しく対立した。争いは欽明王側の勝利で決着し、ようやく平穏を回復したのを待って、百済の聖明《せいめい》王が仏像と経典を欽明王に贈り、仏道がこの地に正式に到来したのであった。

我が一族は仏の道に従い、跡を慕ってこの地に来た。我が祖先は故国に在る時、儒教、道教、祆《けん》教（拝火教、ゾロアスター教とも）なども次々に学んだが、いずれも人が人の上に立つ方策を説いたり、神の名で人を服従させたり、あるいは自然を超えると称して、信じ難い荒唐無稽《こうとうむけい》の努力を試みるものに過ぎなかった。人の有りようを見極めて真の安らぎへ導く教えとして、我が祖先たちは仏道を選び取ったのである。

仏に至心《ししん》に懺悔《さんげ》し奉る。はるか西方から伝わった大乗の教えは漢字に移され、読む目を備えるすべての者に開かれ、漢字漢文の世界で深く究められた。人と生まれこの教えに逢い、どうして真理を目指さずにいられようか。

しかしながら、釈迦仏すでに亡きこの世で己を厳しく保ち、修行一筋の人生を歩むのはまことに難しい。かく言う我が身は学道浅く、また仏道伝来直後のこの地で善知《ぜんち》識《しき》にめぐり会うのも期《ご》し難く、念持《ねんじ》の普賢大士像《ふげんだいしぞう》に、己が至らぬを懺悔し奉るのみである。

即ち、華厳経普賢行願品《けごんきょうふげんぎょうがんぼん》の偈文《げもん》に曰《いわ》く。

我昔所造諸悪業《ガシャクショゾウショアクゴウ》　皆由無始貪瞋痴《カイユウムシトンジンチ》
従身口意之所生《ジュウシンクイシショショウ》　一切我今皆懺悔《イッサイガコンカイサンゲ》
（我、昔より造るところの諸《もろもろ》の悪業は／皆いつ知れぬ過去からの貪《むさぼ》り瞋《いか》り愚《おろ》かさに由《よ》り／身体と言葉と心により生み出すところ／その一切を我今ことごとく懺悔《さんげ》す）

今や我も年老いたが、この国に仏法の広まる時のあることを願いとし、この度《たび》我が娘の嶋《しま》が出家するに際し、我が身も仏道に専念して、仏の造像に全力を尽くそうと思う。

漢土から守り奉じてきたさまざまな仏像を、我らは飛鳥坂田原《さかたはら》の地で密かに祀った。その草堂が一族の安らぎの場となっているが、時を得るならば、かねて身につけた造寺造仏の技術をもとに、この地で一人でも多くの人と、仏の恵みを分かちたいと念じている。

大乗造像功徳経《ぞうぞうくどく》に曰く。鋳像《ちゅう》、彫像《ちょう》、繍像《しゅう》泥像《でい》、木像を造れば多くの人に功徳《くどく》を広め、我が身の業障《ごっしょう》一切を滅除《めつじょ》し、菩提《ぼだい》を得るの果報《かほう》ありと。願わくば大慈大悲の仏よ、我らの努力を哀愍覆護《あいみんふご》し給わんことをと爾言《しかいう》。
淳中倉太珠敷《ぬなくらのふとたましき》（敏達《びだつ》）天皇十三（584）甲辰年《きのえたつ》
一族の後日の覚えとして、鞍作村主司馬達等《たっと》これを記す。

二、鞍作多須奈《くらつくりのたすな》、出家の内意

我が一族は今は亡き父司馬達等の頃から鞍作りの技で立ち、名乗りもそれに因《よ》っている。しかし仏道が公式に伝えられてからは、いずれ造寺造仏の腕を振るう機会が来ることを信じ、それによって一族の立場を築き、父の遺志を実現したいものと、私は常に願ってきた。

仏像と経典は公式に伝来したが、仏の教えを巡っても、対立は激化するばかりであった。蘇我《そが》が受け入れ物部《もののべ》が拒絶し、私たち一族は父の細心の身の処し方にもかかわらず、今や崇仏《すうぶつ》の蘇我の側にいると見なされるのは、まことにやむを得ぬことではある。

用明《ようめい》天皇が病弱で仏道への帰依《きえ》を発願《ほつがん》され、物部守屋大連《もりやおおむらじ》がそれに反対した際に、天皇を支持する側に立った者を崇仏派とするのだが、その実は最大の権力を握る、蘇我馬子大臣《うまこおおおみ》の党派であることは確かである。

しかし蘇我大臣の崇仏は、実は真の仏道ではない。なぜなら仏道は、たとえ仏の教えを否定する者であれ、容赦なく抹殺《まっさつ》するということはあり得ない。不殺《ふさつ》は最重要な仏の戒《いまし》めだからである。

用明天皇の命数《めいすう》尽きんとする時、皇位を継承できる地位にいた穴穂部皇子《あなほべのみこ》とその支持者の守屋大連を孤立させ、容赦なく死に追いやった蘇我の心に私は戦慄《せんりつ》した。そして思った。我らに蘇我の偽りを暴《あば》く力はなくとも、仏の戒めを守るためには、蘇我の言うがままになることを何としても避けねばならぬ。それで私は、天皇の病気平癒を念じて出家《しゅっけ》すると表明した。出家後も変わらず造寺造仏に従事するつもりであり、蘇我にのみ仕えるのではないと示すには、他に手段がないと思えたからである。

だが出家とは、ひたすら仏道を目指す意である。それゆえ私の出家表明は最初から偽りがあり、邪道との誹《そし》りを招く虞《おそ》れはある。また『沙門は王者を敬せず』との廬山《ろざん》の慧遠法師《えおんほうし》以来のあり方に背くとの指摘もあろうが、それらすべてはこの一身に受けるべきものである。とはいえ仏に深く帰依する一族の者に何としても真意を伝えておきたく、内々にここに書き記す。

一族の束ねは止利《とり》に引き継がせる。この身は妹の善信尼《ぜんしんに》とともに仏道に帰し、造寺造仏にひたすら勤《いそ》しむが、祖先はそれを墳丘の下で密かに嘉《よみ》し給うであろう。

三、止利仏師《とりぶっし》が物語る飛鳥の仏と人と

長年の隠忍の時を経て、今、ようやく我が一族は、造寺造仏の技術で世に立っている。祖父と父が一族の能力を保つため、幼い頃からの私たちに、描画《びょうが》や彫塑《ちょうそ》、鋳造《ちゅうぞう》と鍍金《めっき》の術を伝えてくれたお蔭である。

用明天皇二（587）年、遂に蘇我と物部は兵を動かし戦った。蘇我馬子大臣は勝利を祈って飛鳥に寺を建てることを発願し、用明天皇の皇子厩戸皇子《うまやどのみこ》も四天王寺建立《こんりゅう》を誓って四天王の加護を祈り、物部氏は滅亡した。

蘇我氏は馬子大臣の父稲目《いなめ》大臣の時から、着々と大王家との関係を強め、欽明天皇以降の天皇たちは、蘇我氏との強いつながりをその背後に持っていた。用明天皇の後を継いだその弟の崇峻《すしゅん》天皇も、馬子大臣の妹を母とする甥に当たる。しかし皇位に就かれたのち、蘇我の専横を憎まれるようになったのが周囲の者にもはっきりと感じられたのである。

そして崇峻五（592）年、崇峻天皇が暴漢に刺し殺され、即日埋葬されるという事件が起きた。さらに我らに大恩ある東漢氏一族の駒《こま》が馬子大臣の手に捕らえられ、たちまち処刑されるという、これまた瞠目《どうもく》すべき異変が続いた。

さらに駒が天皇の嬪《ひん》となっていた馬子大臣の娘を誘拐し我がものとしていたという罪状も暴かれたが、蘇我の勢威を知る誰が、それを真に受けるであろうか。駒は愚人に非ず、そのような危険を冒すとは信じ難い。すでに出家者となっていた父だったが、大臣が我が娘を贄《にえ》として駒を刺客《しきゃく》とし、裏切って口を封じたのだと言い放った。

だが一介の部民《べのたみ》に過ぎず何も知らず何も語らず、私たちはただ与えられた目の前の任務に専念するのみである。用明天皇への誓いを果たし法師徳斉《とくさい》と称していた父は以後沈黙を続け、祖父が遺した草堂を基に坂田寺を建て、自ら彫りあげた丈六の釈迦如来像を祀り了《お》えた。

やがて崇峻天皇の異母姉で馬子大臣の姪、推古《すいこ》天皇が位につかれた。女帝であり、甥の厩戸《うまやど》皇子（聖徳太子）が皇太子となり、摂政として政務を担当されることとなった。ともに濃い蘇我血縁の人々であり、蘇我一族の権力はますます固められていくと思われた。

物部氏との戦いに際し、馬子大臣が発願した法興寺《ほうこうじ》の工事が始まった。出家した身ではあったものの、父は造営を差配《さはい》する立場につき、私もともに工事に携わることとなった。しかし、毎日のように大臣の指示を受ける立場になると、大臣の存在に私の心は絶えず圧迫され、息苦しさが募っていった。不興を蒙《こうむ》ると一族は鏖《みなごろし》されるに違いないという恐怖に、私の身心は竦《すく》んだ。それを見抜いた父は私にこう言った。

「容易に他の者がとって代われぬ伎倆《ぎりょう》を示し、それで一族の命運を保つのだ。威圧され恐怖してはならぬ。自分の存在を認めさせるのだ。自分の不在を相手が懸念《けねん》するように仕向けよ」と。

そして一つの妙計を授けてくれた。

法興寺の伽藍《がらん》配置は、中央に巨大な五重塔を建て、それを囲んで三つの金堂を配置する壮大な計画であり、父は造営全体の指揮をとる地位に立っていた。父は私にかねてより、造仏は仏道修行の正道だと勧めていたが、馬子大臣に向かって、法興寺造営をきっかけとして、この国の若者に造仏を学ばせ、修練を積ませたいと進言した。大臣は喜んでそれを了承し、百済渡来の若い仏工を含め、十人を超える若者が私の周囲に集められた。こうして堂舎の建立と造仏を並立させて、法興寺創建は順調に進められた。そしてその陰では父の工夫による、造仏の伎倆を権力者に強く印象づけるための策も動き出した。

推古四（５９６）年、法興寺の五重塔が完成した。この国に初めて立ち上がった多層の大塔の威容を並んで仰ぎ見、父と私はたがいに黙っていた。言葉では表しえないものを感じていたからである。父は小柄で無口であり、人目を惹く言動を示したことは一度もないが、その父をこの時ほど誇らしく感じたことは、それまで私には一度もなかった。だが塔を取り巻き、次々に建ちあがってくる金堂群の中央に祀るため、私が全責任を負っている丈六釈迦如来像の鋳造には、まだ見通しのつかないいくつかの難関が控えていた。

しかし私たち親子には、一つの転機だった。日常に少しゆとりができ、法興寺建設に一年遅れて始まっていた難波《なにわ》の四天王寺造営に、連れ立って行く機会ができたのである。こちらは厩戸皇子の発願による工事である。

父は四天王寺敷地の、西端の高台に私を連れていき、眼下に限りなく広がる海と、淡路の島を見下ろしながら私に言った。

「寺をここに建てる意味が、おまえにわかるか？　河内《かわち》の湖水を遮っているこの高台は、西から随の舟が難波に近づく時、遠くから必ず見上げる地だ。百済や新羅も競って大寺を建てているが、それは漢土の大国を意識するからだ。今は隋王朝の時代だが、随船が近づく時ここに立つ大寺院は文化存在の証《あかし》となり、戦いよりも話し合いを選ばせる力なのだ。皇子は若くしてそのことを、もう十分に知っておられる」

二つの大きな事業の間を行き来してまた三年、四年が過ぎ、仏工たちの習熟も進んだ。法興寺では東金堂が建ち上がり、西金堂、中金堂へと仏殿造営は次第に速度を早め、四天王寺の塔も建ち上がってくる。

工事の進捗《しんちょく》とともに、法興寺は華やかに変容していった。新しい建物が完成するその都度、馬子大臣は若い工人に対しても感謝や喜びの言葉を率直に口にし、大臣に対する私の恐怖は、それを見て少しずつ薄れていった。

その間も私たちは大小さまざまな仏像を試作し、法興寺金堂本尊としての釈迦如来像造立の修練を重ねていた。しかしそれにつれて、私たちの技術の限界もあらわになってきた。像高が一丈（約三米《メートル》）を超すと、躯体の脆《もろ》さが露呈し、仕上げの段階へまで進むことができないのである。完成した尊容を、目に見る思いをしながらの挫折が続き、若い仏工の集団は時にひどく消沈した。

銅を素材として仏像を鋳造する作業は、およそ次の順序で進められる。まず最初に土で仏像のあらましの姿を造って中型《なかご》とし、次にその上に蜜蝋《みつろう》を厚く貼り付け、その蝋型の表面に仏像の相好《そうごう》や衣紋《えもん》の形を精密に彫り出す。この蜜蝋彫刻こそが完成した仏の姿となるもので、造仏作業の要《かなめ》である。蜜蝋の像が完成すると、その上に肌理細《きめこま》かな粘土を厚く塗り、外型として固める。次いで外型から中型に届く銅釘《どうくぎ》を適宜刺し通して、蜜蝋が溶け去った後の中型と外型の間隔が変わらぬようにする。

火を焚いて全体を熱し、蜜蝋を溶かすとともに、粘土の外型を十分に乾かせる。溶けた蜜蝋は流出し、内型と外型の間が空洞となるが、そこへ錫《すず》や鉛《なまり》を少し混ぜた溶銅《ようどう》を流し込むと、銅は型の間に入りこみ、仏の形を造り出していく。銅が完全に冷えると外型を崩し、露呈する金属の凹《へこ》みには嵌金《かんきん》し、はみ出しは鏨《たがね》で削り研磨し、仏像全体の姿をととのえていく。

最後に仏の全身に、金を水銀に溶かしたものを塗り込めて鍍金《めっき》する。像全体を焚き火や吊り篝《かがり》で熱して水銀を蒸発させると、銅像の全身は金で鍍《ぬ》られ、眩《まばゆ》いばかりに輝く金銅仏《こんどうぶつ》が完成するのである。

作業が難航した最大の原因は、溶銅を十分に高温にできなかったからである。像が大きくなればなるほど、後から注ぐ銅が前のものと融合しにくくなり、後で接合部の鋳掛《いか》け（融点の低い鉛と錫の合金を溶かして裂け目や穴を塞ぐ）補修に追われた。しかも頭部の重みで、像全体が歪んでくるのをどうしても防ぎきれないのだ。

仏を仏殿より後に完成させるのは、父の策の眼目《がんもく》ではあるが、鋳造自体がこれほど難航するとは、予想外のことだった。

やがて事態が変わり始めた。馬子大臣周辺に、造仏に対する疑問の声が表立って出てくるようになったという。もし大臣の意向が変われば、一挙に事態は悪化するかもしれない。

法興寺では、塔に百済伝来の仏舎利《ぶっしゃり》を安置し、中金堂に百済渡来の石造大弥勒菩薩《みろくぼさつ》像を安置するとの大臣の意向が、当初から示されていた。残るは東金堂と西金堂であり、その本尊を造立し、この国の造仏技術を示すのが私たちの任務であるが、果たしてどうなるのか。工事全体を差配し、造仏集団を支える父にも、馬子大臣が造仏を維持するつもりかどうか、全く窺《うかが》い知れぬ状態となっていた。

百済仏ですべての仏殿を祀り、造仏は中断と決定されるとか、厩戸皇子が釈迦牟尼《しゃかむに》仏《ぶつ》像を祀ることを大臣に要請されたとか、さまざまな噂が飛び交った。真偽を確かめようもないが、私を含め若い仏工たちは、ともすれば不安に襲われがちとなる。だが父は言った。

「苦しい時こそ動揺せず、精進するしかない。皇子を見よ。あの若さで仏法を学ぶ姿を、治政の中にも示し続けておられるが、骨身を削る日々であるに相違ない。だが仏道は儒教とは異なり、治世の術には馴染《なじ》まない。これからも、苦しまれることが多いだろう」と。

仏道は民族や国家、氏族や家族などの集団に依存せぬ生き方であり、仏も出家したのだ。所有欲にとらわれず自分を律し、瞑想を深めて森羅万象《しんらばんしょう》に無常と流転を感得し、無益な願望を断って安らぎの境地を実現する道である。

私は幼い時から、祖父や父が自らを仏道にまだほど遠いと嘆息するのを耳にして、自然に仏道への思いが深まるように感じてきた。四天王寺の建立を通じて皇子について知るにつれ、私たち鞍作の父子は、家庭生活のままにいながら仏道修行者の如く進む厩戸皇子に、強く惹《ひ》かれるものを感じてきた。

そして推古十三（605）年、法興寺に丈六《じょうろく》（一丈六尺＝約四・八五米）の釈迦如来像を銅と繡《ぬいとり》で造れとの天皇の詔《みことのり》が出たのである。

その報を聞いた時、父と私はしばし言葉を失った。やがて思い至ったのは、何を以てしても動かし難いと思える蘇我大臣を動かせたのは廐戸皇子の仏道の力なのだということだった。私たちは跪坐《きざ》して仏に祈り、しばし皇子を称え合って時を過ごした。

この国初の丈六仏鋳造令を正式に受けたわけだが、これは決して不可能ではない。努力の方向は明らかだった。仏の頭部を薄く造れば軽量化でき、鋳掛けの熱も十分に伝わる。それには頭部の蝋型を、極限まで薄くするべきだ。この考えに父は頷き、仏工たちも奮起した。

丈六の釈迦如来像鋳造と並行して、丈六繍《しゅう》像（縫物の御形《みかた》）の刺繍も始まった。父が工夫した妙計を実現し、工人たち、渡来して来た者たちの立場を安らかなものにしようと、私は鋳造仏の像高《ぞうだか》を精一杯高く設計し、その大きさを強調した。一方で仏工たちは仏頭の鋳造を繰り返して試み、薄く鋳造する技術の実現に取り組んだ。

四年後の推古十七年、二つの仏像は完成した。やがて丈六仏鋳造成功は韓土にも伝わり、思いがけず高句麗《こうくり》国から祝賀の黄金が送られてきて、飛鳥の地を喜びでどよめかせた。同時にかの地の人々が、三十万と称する隋の大軍の侵寇を退けたことも伝えられ、私はかの地の人々の痛みをそのまま身に受けたかのような、激しい身の震えに襲われた。彼らの血の犠牲で、百済も新羅もそして倭国《わこく》も、大国の脅威から隔《へだ》てられたのである。倭人と渡来人とを問わず、多くの工人が西方に向けて合掌し、高句麗安穏《あんのん》なれと念じたのであった。

遂に鋳造所の素《す》屋根と外囲いが取り外され、巨大な釈迦如来像が黄金に輝く全容を現し、東金堂へ進み入る時がやって来た。

仏を乗せた台車を、蘇我の家人《けにん》が総がかりで牽《ひ》き、奴婢が台車に取りついて押し、ゆっくりと金堂へと動いていく。だが入り口直前まで押し寄せた人々は目を見開き、次いで沈黙した。巨大な仏を戸口から中へ入れられそうにないことに、彼らはようやく気づいたのである。

待ち構える人々の中から、忙《せわ》しない足取りで馬子大臣が進み出た。手招きを受けた私はその前に進み出、そして跪《ひざまず》いた。罵声《ばせい》を浴びる覚悟はしていたが、大臣の声は思いがけない低いもので、しかし口早に言った。

「止利よ。仏殿を壊さず、何とか如来を中へお入れすることはできないのか?」

私は思わず声の主を見上げた。その表情から、私への怒りや不信感が微塵《みじん》もないことが、即座に見て取れた。代わりにそこには、言葉通りの懸念と緊張が何の飾り気もなく浮かんでいた。両手を地につき深く答礼して立ち上がり、一族の者に指示を出すべく歩きながら、胸の内に抱き続けていたものが、ほぐれていくのを私は感じた。

実はこの時こそ、待ち望んでいた瞬間だった。この時のために、造仏所の工程の一つひとつで、私たち父子は密かに何度も、仏の大きさを測定してきたのだった。

素屋根の天井から吊り下げた大きな木枠を、仏の頭上からそっと下ろし、仏像を潜らせていく。木枠の大きさは、もちろん東金堂正面の戸口の大きさに造ってある。仏像すれすれの大きさの木枠は次々に引っ掛かるが、上下左右に傾けたり、押したり引いたりして、必ず床まで降りてくるようにした。こうして、見た目には戸口を通りそうにない巨大な仏像のすべての断面が、建物の戸口より小さくなるように設計して鋳造したのだ。

私は木枠を傾けて通した時の角度を、すべて記憶していた。今は逆に仏像を傾け、角度を変えながら順に戸口を通していけばよい。

私の指示のもと、多数の工人が仏像に布でくるんだ木材を当てがって支え、さらに多くの人々が像に結ばれた無数の綱に群がり、台車は押され牽かれ、巨大な釈迦如来像はゆるゆると堂内へ進入した。堂に満ち、または境内を埋めて見守る貴顕《きけん》の男女は、私の指示に伴って仏が仰臥《ぎょうが》し、身を起こし、時に左右に身を捩《よじ》りながら、次第に台座の位置へ進み入る様子に感嘆し、まるで魔術か奇蹟を見るかのようにどよめき続けた。

遂に巨大な金銅仏は、蓮華の台座に鎮まった。作業がすべて終わると、蘇我大臣は満面の笑みで私たち父子を称えた。紅潮した面持ちの権力者は天皇と摂政に並び、仏の前に跪いて祈りを捧げた。人々もまた跪坐し、しばしの祈りの時を過ごしたのだった。

その夜、私は父に言った。

「あの方は紛《まぎ》れもなく、仏への熱い信仰の心をお持ちです」

父もまた、躊躇《ためら》わず頷いてこう言った。

「私もそう思う。だが憧《あくが》れは深くとも、仏の教えの真髄を知らないのも事実だ。それはまだこの国に、授戒《じゅかい》の師が渡来されぬからだろう」

私は父の言葉に同意した。熱情を以て仏を祀り祈りながら、一方では敵対する者を容赦なく殺戮する者、その者に自分を省《かえり》み懺悔させるためには、仏の戒を受け入れさせる以外に方法はないだろう。だがそれは我らの力の及ぶことではない。

しかし法興寺釈迦如来の開眼《かいげん》により、以後毎年、この国のすべての寺の四月八日に降誕会《ごうたんえ》、七月十五日に盂蘭盆《うらぼん》の斎会《さいえ》を設《もう》けることが定まったのであった。

若い国の成立に避け難い、激烈な権力闘争と文化の大変動を目にして父多須奈は死んだ。そして推古三十（622）年、厩戸皇子の健康が突然に損なわれ、五十年に満たぬ生涯を閉じられる日が訪れた。

天皇中心の体制と仏法に基づく国政の実現を何よりもの目標とし、厩戸皇子は蘇我氏とある時は対立し、ある時は協調しながら四天王寺や中宮寺《ちゅうぐうじ》などを建立し、さらに父用明天皇のため、法隆寺建立にも着手された。

鞍作一族はその間、法興寺と四天王寺造営を通じて皇子から厚い信頼を受け続け、法隆寺で、数多い金銅仏の制作も任《まか》せられてきた。しかも皇子は、皇族や高位の人のため自ら経典の講義をされる際、特に私たち父子には常に陪席《ばいせき》を許されるなど、深い恩恵を与え続けられたのだった。

皇子の冥福を祈り、深恩に報謝し遺志を果たさんがため、私たち鞍作は、法隆寺金堂に釈迦三尊像を造立《ぞうりゅう》し、皇子の御心の尊厳を表さんとし奉《たてまつ》る。

老いた身で造像の手立て心積もりを進め、この頃しきりに思うことがある。天地《あめつち》が真理に基づいて成り立つ限り、仏とその法は世界の至るところに遍満している。ならば、只管《ひたすら》に仏を念じ心を澄ますとそれは見え、腕を振るえばそれは取り出すことのできるはずのものなのだと。優れた善知識が書き止めた文、同じく優れた仏工が彫塑し鋳造し描く仏菩薩像、あるいは築き上げる伽藍は、すべてその証といえるものであると。

皇子の目が見られた遠くには及ばずとも、私にもまた、いささか見えるもののあることを信じ、残された時のすべてを費やし、全身の力を傾け、そのことに打ち込もうと思っている。そして私の目が見届けるであろう釈迦三尊の尊像を、近いうちに法隆寺金堂にお迎えし、皆様にも親しく拝していただこうと思うのだ。

おわり

（日本書紀などによる）

北斗星を隠した人

—大慧《だいえ》禅師一行の伝説より—

中国の唐朝が建国五十五年を数え、日本では天武天皇が飛鳥で即位した年（六七三）のことです。現在の首都北京の南東に当たる鉅鹿《きょろく》の地、当時は首都長安（西安《シーアン》）から北西に隔たった辺境の地でしたが、そこに張《ちょう》と名乗る誇り高い一族がいて、その傍系の家にひとりの男児が生まれ、遂《すい》と名づけられました。張遂、後の一行《いちぎょう》禅師です。

一族の祖は、張公謹《ちょうこうきん》という隋時代末期の軍人かつ政治家です。公謹は唐の建国の頃に後に二代皇帝太宗となる李世民《りせいみん》皇太子と出会い、素晴らしい決断力で太宗を助けて唐の全盛期を築き、開国功臣の一人に列しました。彼が三十九歳で死去した時、太宗が棺の前で哭《な》いたことが新旧の唐書に記録されるほどの信頼を得たのです。しかし公謹の子張大安《たいあん》は、三代皇帝が廃位される政変で左遷され、都の長安を離れました。以後、一族には不遇が続いたものの、誇りは高く保たれ続けたのです。

張公謹の曾孫である遂は、並外れた子どもでした。機敏にして沈着、もちろん聡明です。書を一度読めば二度と見ず、しかし内容はことごとく正確に把握していたといいます。

中国は隋時代に始まった科挙《かきょ》（科目試験での推挙）制度により、能力のある者は家柄を超えて登用されるようになっていました。最難関の秀才科や進士科は、競争率が三千倍を超え、それだけに一人の秀才、進士が出れば、その一族全体の前途が開けます。当然張一族の人々は、遂少年を希望の星と期待したでしょう。遂の生家はとても貧しく、一族に羽振りのよい者はいなかったのです。

ところが当の本人は立身出世には関心がないらしく、陰陽五行の書など、中国古来からの、未だ神秘論的な宇宙論に熱中していました。しかも両親が年若く相次いで世を去ると、普寂《ふじゃく》という禅僧に、一行という戒名《かいみょう》（受戒した仏弟子名）を受け、二十一歳にして出家してしまいました。禅の教えが現世の空なることを説くのに心を動かされたとも、都の有力者の誘いを避けようとしたためとも伝えられています。

「なんともったいないことではないか。禅？　そりゃいったい何だ。当人はまだ若いが、周囲の者は何を考えておるのか」

一族は出会えば紛糾《ふんきゅう》しましたが、もはやどうにもなりません。

禅が中国に伝えられて約百年、足が溶けるほど坐禅修行に熱中したという達磨大師《だるまだいし》から七代継承され、普寂禅師の頃の中国禅は、爆発的発展を遂げる直前にありました。しかしほとんどの人は、まだ禅のことなどは知りません。この時からしばらくして白楽天《はくらくてん》という当時超大物の政治家兼詩人が、道林《どうりん》禅師という禅僧に小僧扱いにあしらわれ、禅が次第に注目されるようになったと言いますが、そこに至るには、まだ少し時間がかかります。

その頃、鉅鹿の近くに盧鴻《ろこう》という隠者がいて、普寂禅師とよく話が合いました。学識該博《がくしきがいはく》で高潔な人士との評判が高く、人材を求める朝廷が迎えの使者を差し向けても、出仕を断り続けているというような人でした。

ある時、普寂禅師の教えに集まる者たちが法会《ほうえ》を行うことになり、主催者は盧鴻に頼んで式辞を書かせ、法会を盛り上げようと図りました。盧鴻は快く巻紙に長文を認《したた》め普寂の机上に置きます。

「わしの字は癖字で、その上古語が多くて読み辛いかナ」

読み方を教えておこうと言う盧鴻に頷《うなず》いた普寂は、弟子の一行を呼び寄せ、おまえが読み上げよと命じます。一行は盧鴻の前で書面を開いて目を通し、黙読し終えると巻いて机上に戻し、盧鴻に微笑を以て一礼し、何も言わず座に戻りました。

あんな若僧に読ませるのか、それにあ奴のあの態度は何だと、盧鴻は普寂を睨みます。しかし法会が始まって、驚いたのは盧鴻でした。進行を司《つかさど》る主事が式辞を促すと、壇に上がった一行は置かれた式辞を手に取り、情理を尽くして読み上げ、参加者全員を傾聴させたのです。

「何という新発意《しんぽち》だ！　オイ、普寂さんよ。あんたに教導できるような雑魚《ざこ》ではないゾ。大海に放してやれ」

盧鴻の嘆声を聞き、普寂禅師も目を細めます。かくして青年は郷関を出て各地に遊歴することになり、中国仏教の一大巨峰となる道を歩むこととなりました。

大物は悠々と大道を進み、脇道には逸《そ》れぬものです。一行は仏道修行の基本である戒《かい》・定《じょう》・慧《え》の三学《さんがく》に取り組みました。「戒」とは、釈尊が定めた『殺さず、盗まず、嘘つかず、淫《みだ》らならず、飲酒せず』の五つを基本とした修行者の戒め、つまり修行生活の規範です。「定」とは禅定のこと。心を静めて、宇宙の運行と自分の存在が一体となる体験を目指します。その上での「慧」は、私欲を離れ宇宙万物の相互関係が円滑であるように図る能力のこと、ふつうには智慧と言い、インド語のパンニャに当たるもので、漢字で般若《はんにゃ》と書かれました。宇宙に存在するものはすべて基本的に同質で相互に依存していると知り、その上で万事を掌握する力のことです。

人は感性にのみ頼らず、理性によって生存を安定させようと望んでも、ともすれば私利私欲に沈没します。その傾向を是正矯正して理性の視野を広げ、真の智慧を完成させるのが仏道の目標だと言えます。目指す智慧は無分別智《むふんべっち》（自他の区別は本来無意味と知る）を内容とし、働きは大円鏡智《だいえんきょうち》（大きく円《まる》い完全な鏡の如く宇宙万物と一体となる）ことです。その実現が覚《さと》りであり、霊性《れいせい》の境地への到達です。

このように仏道の根幹を歩む一行でしたか、心惹かれるものが他に一つだけありました。それは陰陽讖緯《いんようしんい》の会得《えとく》を目指すこと、卜占《ぼくせん》に通ずることです。

占いは大昔から各地で行われ、今も多くの人の関心を集めます。子どもにも人気のある血液型や星座占い遊びから、手相、人相、家相や姓名判断、水晶玉やトランプ、タロットなどのカード占いなど、大人も時には本気で、本来は知ることのできぬ未来への不安と懸念から解放されようと縋《すが》ります。熱中すると、曖昧《あいまい》な言葉を与えられただけで、勝手に自分で納得できる因果の関係に思い至るなど、心理学でいうバーナム効果などの特有の現象が起きやすくなります。それで昔から、易者や占い師は言いっ放しで一切外れのない商売、裏無い仕事だと茶化されながら、いまだに繁盛しているのでしょう。

しかし一行を魅了した中国伝統の易学は、心の曖昧さを当てこんだ世渡り稼業なんかではありません。陰と陽の二元素の対立を軸とし、宇宙が変化していく様子を法則化し、未来を予測する学問として研究されたもので、その集大成の易経は儒学の根幹である五経の筆頭とされるものです。

易占法は、現代の易者も使う算木《さんぎ》と筮竹《ぜいちく》を用います。しかし日常茶飯事を主とする現今の占いと異なり、往古の易占は国や共同体の存亡に関わる重大問題を扱い、占者は生命を賭《と》して占いました。そして何百年もの間に、易には天体運行や大地、自然についての知識が蓄積され、暦法や天文の学、また風水学として発達していきました。易学への科学的関心が、若者の心中で仏道と完全に重なり、いわば一行は、当時の世界に並び立っている中国とインド二大文明の、双方の源泉を汲み尽くしたいと願っていたのでした。また、一行の心は必然的に算術へも向かい、名のある算学者がいると聞けば、中国里の数百里、数千里を、物ともせずに訪ねたといいます。

一行は、天台山国清寺《こくせいじ》へも足跡を残しました。天台宗発祥の聖地であり、後に日本で延暦寺を開く最澄《さいちょう》も学んだ寺ですが、当時最先端の学問の地でもありました。一行が国清寺を去った後、僧院で算法に取り組んでいた僧たちの間で、一行以後は、国清寺の門前を流れる水が逆流するようになったと言われるようになりました。彼によって算木による解法が飛躍したという意味のようであり、一行伝説の一つとなりました。算木は日本にも伝わり和算の道具となりますが、中国でこれを用いて高次方程式を解く工夫が始まり、一行が深く関わったことが知られます。

算術の解法に寄与した一行は、学僧の間に広くその名が知られるようになりました。しかも仏道にもたゆまぬ努力を続け、インドからやって来た善無畏《ぜんむい》三蔵に認められ、密教《みっきょう》の中心経典『大日経』の翻訳作業と注釈事業に参加しました。また海路セイロン島から来た金剛智《こんごうち》三蔵から陀羅尼《だらに》秘印を受け、その名はますます高まりました。大日経や陀羅尼はいずれも密教の核心であり、中国で最初の密教相承者として一行は真言六祖に数えられ、その後に恵果阿闍梨《けいかあじゃり》、さらに日本の弘法大師空海が続いたのでした。

密教は教義を言葉や文字で説かず、神秘な方法で師匠から弟子へ伝えられます。それまでの仏教が覚りを言葉や文字で顕らかにする顕教《けんきょう》であるのに対し、秘密仏教であるから密教と呼ぶのです。仏が口にした真理の言葉つまり真言を口にすれば、老若男女すべてがその身のままで覚れる即身成仏《そくしんじょうぶつ》が可能だと説き、それまでの中国仏教を驚かせました。唐朝廷はこの教えを渇仰《かつごう》し、平安初期の日本の朝廷にも及び、弘法大師空海や伝教大師最澄らの日本仏教の祖師たちを、真言の教えに傾倒させることになりました。

日本へは禅や浄土教より真言宗が先に伝わり、古い教えと見えますが、仏道発祥の地インドでは、密教は仏道の終末期の形です。釈尊以来の伝統的な教えは、理論が深められるにつれ庶民生活から遠ざかり、バラモン教の再生であるヒンズー教に圧倒され、イスラム教の進出にも脅かされていました。

再び民衆の支持を得て生き延びるため、仏教はインド土着の神々を、仏法守護神として取り入れたのです。『男はつらいよ』シリーズでよく知られる柴又帝釈天や、各地の聖天《しょうでん》（歓喜天）さんなど、天王《てんのう》や明王《みょうおう》などの出自のほとんどはヒンズーの神々で、その祈りはインドの庶民の信仰を反映したもので、現実的な願いを祈禱するものが中心です。仙術の道教を生みだし、孫悟空などが大好きな中国人もこの教えを歓迎し、唐の仏教はこの頃、真言仏教が活況を呈したのでした。

時の皇帝は九代玄宗《げんそう》でした。楊貴妃《ようきひ》を溺愛《できあい》して安史《あんし》の乱を招く晩年は冴えませんが、前半の治世は、開元の治と称讃される実績をあげました。その若い玄宗皇帝が、一行を朝廷に招いたのです。

一行は、武三思《ぶさんし》や韋安石《いあんせき》など唐朝廷有力者の召し抱えの誘いを断り続けていました。束縛されることを避けたのでしょう。しかし皇帝の出仕命令を拒絶することはできません。そして玄宗は、一行を束縛するよりもその才能を尊び、能力を活かす場を提供しようとしました。この二人の出会いは中国文化の至福の時となり、大きな実りを得たのでした。

一行は朝廷における密教の秘儀を主宰し、国政の諮問《しもん》にも応じました。しかし後世への彼の最大の貢献は、天の運行を知る観測法を進歩させ、正確な暦法を制定したことでしょう。

開元九（七二一）年、日食予報が外れ国政が揺れました。中国暦は月と太陽の運行を交差させた太陰太陽暦で農暦でもありますが、日食は農業にそれほど影響しないものの、暦の正確さは国政の一大事でした。中国皇帝は天命を受けて位につく天子（天帝の子）とされるので、天の運行を正確に予測できないと権威の正当性が揺らぎ、天命を革《あらた》めようとする運動、即ち易姓革命《えきせいかくめい》を招きます。

易姓革命とは民衆の中から現れた有徳者が、徳を失った現王朝一族に代わり、違う姓を名乗る王朝を立てるのです。話し合いによる禅譲《ぜんじょう》と、武力による放伐《ほうばつ》との区別はあれ、実質は実力を背景に、旧王朝は排除されて終わります。

朝廷は鎮撫《ちんぶ》につとめ、暦官は死を賜りましたが、危機を回避するには暦を正確にするほかはありません。暦法の改正が建議され、その責任者として一行が選ばれました。

一行はかねて構想していた、天体観測機具開発改良の絶好の機会を手にしました。そして最初に手がけたのは、太陽の年間の動きを正確に把握するための、黄道游儀《こうどうゆうぎ》を作ることでした。天体の位置を表示する方法は、世界のほとんどの地域で、天の赤道（地球の赤道面と天球の交わりを示す理論上の線）座標で現しますが、中国ではそれまでは漢時代に張衡《ちょうこう》という人が発明した渾天儀《こんてんぎ》によって、赤道座標で表していました。しかし太陽の運動を知るためには、渾天儀で計った結果を黄道座標に換算しなければならず、日食予報の失敗は、暦を作る際の、その計算を誤った時に起きる失態です。一行は失敗を繰り返さぬように、太陽が動いていく黄道を基準とした座標で、直接に天体の位置を測る器具を作ろうとしたのです。

完成した黄道游儀によって、全国十三箇所での天体観測が実施されました。そこでは、観測した結果が数学的に予測できる数値と微妙に異なる時、それを補間する計算法が工夫されました。この計算法は、千年後の十八世紀後半から十九世紀半ばのドイツで活躍した数学・天文学・物理学の天才カール・ガウスが工夫した、近似値を得る最小二乗法とほとんど変わらないものと評価されているそうです。

大唐帝国を支える知性として、実績をあげていく一行。しかしその彼を、心底悩ませる事件が起きました。僻遠《へきえん》の地の貧しい遂少年だった頃の隣家の老婆が、わざわざ一行を頼って都に出てきたのです。

老婆の息子で一行の幼馴染《おさななじみ》の男が、ふとしたはずみで人を殺してしまい、このままでは死刑になるというのです。どうか死罪を免じ老親の余命を看取《みと》れるようにと、天師（天子の師）の力をもって帝王にお話し下さいという依頼でした。困った一行は言いました。

「国法の中でも刑法は、特に厳粛なものです。頼まれたからといって、どうして例外を作ることができましょうか」

一行は侍従の僧に命じ、多少の金品を老婆に贈り、他に手立てがないか考えてみようと慰めました。老婆は失望してすすり泣き、感情の昂《たかぶ》りのあまり、一行の与えた金銭を地に投げ捨てて言いました。

「隣に住み、互いに助け合って生きていた。おまえさんがむつきの取れぬ赤ん坊の頃には、抱いて私のお乳もやったのだ。罪を犯したとはいえ、息子が悪人でないことは知っているだろう。おまえさんの乳兄弟でもあるのに、偉くなるとそんなことはどうでもいいんだね」

もはやあてにはしないと、泣きながら鉅鹿に戻って行くかつての隣人を見送り、それからの一行は陀羅尼を唱えては俯《うつむ》き、懊悩《おうのう》に沈む日々を過ごしました。そしてある日、久しぶりの外出から戻ると、侍僧たちを自室に呼びました。

「おまえたちは夜明けまでに大きな布袋を七つ縫い、明日の正午、裏山の頂上の槐《えんじゅ》の根方に潜め。もし生き物に出会えたら袋に一尾ずつ入れ、密かに私の許へ届けてくれ」

明くる日の午《ひる》、果たして豕《いのこ》の如き生き物が七尾の子どもを連れて現れました。親は逃げましたが、七尾を捕まえた侍僧たちが戻って来ると、一行は大きな瓮《かめ》を一つ用意し、七つの袋を次々とその中へ入れて蓋をし、九丹《きゅうたん》（九種の仙薬）を製するのに用いる泥で、蓋を塗り込めました。

翌早朝、宮殿の中官が玄宗の下問を奉じ、一行のもとへ駆けつけました。

「司天監《してんかん》が奏上し、昨夜一晩、晴天であるのに北斗七星が姿を消していたと言う。これは何を意味するかと、帝の急のお尋ねじゃ」

「後魏《こうぎ》の昔に、熒惑《けいこく》（火星の別名、光輝を増すと兵乱、収まると和平という）が姿を消して世は静まりました。帝車《ていしゃ》（北斗星の別名、天の中央を巡回する天帝の御料車）が無くなった今回は、畏《おそ》れながら陛下が謹《つつし》まれなくてはなりません。人民は暮らしに行き詰まれば罪を犯し、罰するほどに人心は荒廃します。そうなると天象も秩序を失して位置を喪《うしな》い、時ならぬ霜や大雨を放ち、また旱天《かんてん》を齎《もたら》します。仁慈篤き陛下が、その徳を以て天を感動させれば災厄は退散しますが、仏道でも、慈悲の心で魔を退けると申します。愚考するところ、これは天下に大赦《たいしゃ》（多くの罪人を赦《ゆる》す）を発し、明徳をお示しなされるのが最上でしょう」

一行は悠揚と、しかし的確に支配者の不安を衝《つ》き、遂に玄宗はその勧めに屈しました。大赦が実現したのです。大赦が布告されると北斗星は一晩に一星ずつ、七夜かけて七星が元通りになったと、当時の伝説は語ります。

北斗七星を生け捕って隠すとは、いかにも唐代好みの話です。しかし伝説となるには多くの人がその話を喜び、大きく広げなければなりません。それには、開元の治に大赦が待ち望まれる苛酷《かこく》さがあったことや、高官でもあった一行の人となりとして、仁慈の心が広く知られていたことを示すようにも思われます。

司天監らの天象を司る役人を味方につけ皇帝を動かし、治世の峻厳をいささか和らげようとする策動だったのかどうか、今となっては推測する材料すらありませんが、大赦という一大事を、一人の着想だけで実現できるとは考え難いことです。一行の周囲には、その権勢におもねる人たちも集まったでしょうが、中にはその高潔な人柄に共感し、運命を共にし、危険を冒すことを厭わぬ人たちもかなりいたのではあるまいか……。中国といえば昔から端倪《たんげい》すべからざる器量の人を、多く生んできた国でもあるのでした。

開元一五（七二七）年、一行示寂《じじゃく》。新しい大衍暦《だいえんれき》が完成しました。それには地球の歳差《さいさ》運動（北極と南極を貫《つらぬ》く自転の軸が、約二万五千八百年周期で一回転する首振り運動をしていること）で春分点と秋分点が少しずつ西向きに移動することや、太陽運行が不均等であることなどが全面的に組み込まれ、日食月食の計算は飛躍的に正確さを増しました。また一行はその間に、水力を使って日、月、星座の運行と時刻の表示が同時にできる、水運渾天銅儀《すいうんこんてんどうぎ》を作って玄宗に献上したりもしたのでした。

玄宗皇帝は晩年の一行に、社稷《しゃしょく》（王朝）と皇運（帝運）の吉凶を問いました。話を逸らせようとする一行でしたが玄宗は問い詰め、「社稷の行き着くところ、吉に終わる」という言葉を得て喜んだと言います。

また皇帝自身について一行は、仕掛け細工の容器を渡し、次のように言い添えました。

「火急の時までご覧にならぬように」

一行の死後の玄宗は、政治に倦《あ》いて安史の乱を招き、蜀《しょく》の古都、成都に蒙塵《もうじん》（避難）しました。忘れていた一行の容器を見出し、こじ開けると薬草が入っていました。それは蜀に産する『当帰《とうき》＝野芹』でした。

「遠く辺境に追われても当《まさ》に帰る」

一行を思い玄宗は涙し、その日一日を沈思のうちに過ごしたと伝えられます。

このあと玄宗は長安に復帰し、唐の王朝は以後皇帝の代数にして13代。148年間を辛うじて持ちこたえました。しかし最後の皇帝22代の昭宗《しょうそう》を以て、ついに梁《りょう》に滅ぼされました。昭宗は即位前に吉王に封じられたことがあり、その太子を23代哀帝と数える場合もありますが、即位を果たさぬまま、唐は梁に滅ぼされました。一行を偲ぶ人たちは、一行の言葉が、唐朝の国運が吉に尽きると言い当てていたのだと思ったのでした。

千年後、インドから中国へとアジアを席巻《せっけん》侵略したヨーロッパ人は、軍事的優位を確立するや、一神教に基づく根強い人種差別意識によって、アジア全般を蔑視《べっし》しました。しかし中国文化への理解が深まると、唐時代の一行の事跡に、彼らは心底《しんそこ》驚嘆したのです。

フランスの首都パリのサント・ジュヌヴィエーヴ図書館側壁には、ニュートン、ラプラスなどと並び、一行についての刻銘が残されているそうです。人類を代表する天文学者の一人としてのものです。当時世界の諸地域に対して、平然と尊大倨傲《そんだいきょごう》を極める態度を示すことが多かった西欧世界ですが、一行が示した事跡を無視し去ることは、どうしてもできかねたようでした。

おわり

（「賛寧《さんねい》　宋高僧伝　巻五」などによる）

白の護り

中国南西部の雲南省《うんなんしょう》一帯は広い山岳地帯で、南はベトナムやラオス、ビルマへ通じ、西はチベット高原にも接しています。さまざまな民族が入り交じりますが、餅をついたり熟《な》れ鮨《ずし》などの発酵食品を作り、藍《あい》染めもするなど、日本文化と深いつながりを感じさせる人たちが住むところでもあります。唐の時代には、ここにチベット系のペーホ族が南詔《なんしょう》王国を建て、宋の時代には同じペーホのトワン（段）氏がターリー（大理）国を建てました。

この地の人々はチベット族の心を大切にし、チベット人を守護する観音菩薩を深く信仰してきました。雲南では気候もチベット高原よりはるかに温和ですが、雪と氷の

白を大切にし、鮮やかな彩りの中に白を際立たせる衣装を尊びます。中でも未婚女性の白い羽根の頭飾りは印象的であり、それをもとに漢人はペーホを白人と呼び、白族《ペー》という民族の呼称のもとにもなりました。

しかし元の時代までに、勢力をひろげた中国の勢いに呑み込まれ、人々は漢字を使い、中国人の神様と自分たちの祖先神を共に祀り、自分の名前を中国風にする人が増えました。この話はペーホが白族と呼ばれ、モンゴル人や漢人に、抑えこまれていた元帝国の頃のことです。

鄧川《とうせん》州の下邑《シアイー》村に、大理国王だったトワン氏の支族の末裔《まつえい》で、トワン・ユーという若者がいました。誇り高く腕自慢でもあり、少年時代を喧嘩三昧で過ごしましたが、なにしろモンゴル人やその手先の漢人が威張り散らし、ペー族には分の悪い時代です。成長したユーは考え深く用心深くなり、桶作りで母を養いながら辛抱強く生きていました。モンゴル人や漢人は顔を見るだけで吐き気がするものの、そんなことを顔には出しません。

ある日のこと、ユーは作りためた桶を売りに永昌（現在の保山《バオシャン》）へ出かけ、帰りの雨降りのぬかるみで、二人の漢人に言いがかりをつけられました。急いでいたのは確かですが、わざと泥跳《どろは》ねを浴びせたわけではありません。しかし争いを避けようと辛抱したために、かえって散々に殴られました。あまりにしつこいので、遂にたまりかねて反撃し、あっという間に二人を泥水に這わせました。小柄でも俊敏で腕力も強いユーに圧倒され、追い詰められた相手は短刀を抜き、乱闘となりました。

ようやく二人を殴り倒した時、多数の人影が走ってくるのが見え、ユーは木立に紛れ込み、日が暮れるまで逃げ続けました。自分の居場所の見当もつかなくなった時、たまたま古い廟《びょう》を見つけ、ユーはそこに身を潜めて難を逃れました。

「おい若いの、そんなにくっつくな。汗臭くてかなわん」

廟には先客がいたようでした。ユーは身を固くしましたが、相手はそれ以上は何も言いません。害意がないと見極め、短く挨拶だけを述べて、ユーは朝を待ちました。疲れてつい、うとうとしハッと目を覚ましましたが、朝日が差し込む廟には、ユーの他には誰もいません。

――しまった。これじゃ、相手が誰だったかわからない。早くこの廟を離れなければ……。

ユーが身を起こすと、昨夜と同じ声が言います。

「せっかくじゃないか、そんなに急ぐこともあるまい。おまえがここへ来たことには、それなりの深い因縁《いんねん》があるのだぞ。ここは大理国が滅んだ後、おまえの曾々々祖父《そうそそそふ》が観音に祈り、民族の団結のために廟を建て、ついでにわしも祀《まつ》ってくれた場所なんだからな」

廟の中に立っているのは石造りの本主神《ペンズー》、かなり落ちぶれているものの民族の祖先神です。ようやく神様に気づいたユーが慌てて膝をついて礼拝すると、石が溶けて愛想のいい爺さんの神様が姿を現しました。にこにこと機嫌よく、手巾《ハンカチ》ほどの大きさの緑色の絹一枚を、気前よくユーにくれました。

「これをくれてやろうと、おまえを待っていたんだよ。昔、大理国が栄えていた頃は、皆が観音菩薩を信じ互いに助け合ったものだが、漢族が大勢で襲ってくると、人数がめっぽう多い奴らだから、観音やわしはペーホを助けるため縮地法《しゅくちほう》を使わせたんじゃ。ところが今ではほとんどの者が観音を念ずることを知らず、人助けもせず、めいめいがモンゴルや漢人のご機嫌取りをし、手先になって喜んでいる始末でまったく見ちゃおれん。観音もわしもすることがなくて暇になり、それで二人で、簡単に縮地法を使える道具を作ってみたんだよ。」

ユーのけげんそうな顔に答えるように、本主神はつづけます。

「縮地というのは、一人で大勢と渡り合うために、距離を縮めて移動を手早く済ます方法だ。もし人助けのためにあれこれと忙しい時は、この緑地布《りょくちふ》が距離を縮めて、あっという間に行くべきところへ移動できるようになっている。おまえを見込んで預けるから、人助けに使うがよかろう」

緑地布は、見たところただの緑の手巾です。しかし凄い力を秘めたその布の使い方やその他のいろんな術を、本主神はまる一日かけて、詳しくユーに教えてくれました。

数日してユーが下邑村に帰ると、母は留守です。近くの知り合いとおしゃべりしているのだろうと、桶作りを始めながら待ちましたが、一向に帰ってきません。ふと気がつくと、自分がいるのに、誰も家に来る者がいないのです。少し変だナと思ったトワン・ユーは、隣のリ・サンの家へ行きました。ユーの姿を見て驚いたサンは彼を屋内へ引っ張り込み、外の様子を窺《うかが》ってから言いました。

「おい、母親を放っておいておまえはどこをうろついていた？」

「永昌まで往復したんだ。走って往復したって十日はかかるだろ。それにおれは、遊んでいたんじゃないぞ。商売に行ったんだぜ」

「何を言ってるんだ、半年以上も家を空《あ》けやがって！」

半年だと？　びっくりしたのはユーのほうです。けれど話を聞いて、リ・サンが冗談を言ったのではないことがわかりました。

――そうか、本主神に術を授けてもらうのにじつは半年かかったというわけだったのか……。

密《ひそ》かに納得しましたが、思いに耽《ふけ》っているゆとりはありません。サンが言うにはユーには漢人殺しの嫌疑がかけられ、彼の母親は、村役人の馬子羅《マーツーロ》に囚われているそうです。

「何だと、あの漢人の密偵《スパイ》野郎め！　よし、これから勝負して、おふくろを助け出してくるぞ」

「馬鹿を言うな。お尋ね者になったからには一対一の勝負ができるわけがないだろ。おまえの頭はどうやら役立たずになったらしいが、それでもそれを使わんと死んじまうぞ！」

馬子羅は若い頃に下邑村に住み着いた漢人です。拳法《けんぽう》の巧者で武芸道場を開き、今や州役所から役人に任命されています。以前はユーもその道場で拳法を習いましたが、馬子羅とどうしても気が合わず、何年か前に稽古を止めていました。夕方になって、ユーはそっと馬子羅の家の様子を確かめました。門の両側には、いつの間にか欅《けやき》板の大きな聯《れん》が一対掲《かか》げられ、墨痕も鮮やかな草書体の文字が、堂々たる風格を示しています。

馬子羅是一頭虎（馬子羅は是《こ》れ一頭の虎）
打尽天下今無敵（天下を打尽《だじん》し今や敵無し）

それを見てカッとなったユーは、新しい桶いっぱいの墨汁《ぼくじゅう》を作り、夜の間に馬子羅の聯をすっかり塗り潰しました。それから聯を裏掛けし、大筆で書き直します。

馬子羅是一匹狗（馬子羅は是れ一匹の狗《いぬ》）
走狗可憐不知煮（走狗憐《あわれ》む可《べ》し煮らるを知らず）

トワン・ユー書と落款《らっかん》し、さらに聯の下には中が真っ黒になった墨桶を置き、「狗の骨入れ」と書きつけておきました。

明くる朝、聯を見た馬子羅は火がついたように怒り、すぐに配下に命じて桶屋を探索させ、眠り込んでいたユーをトッ捕まえて引っ立てました。村中が大騒ぎ、馬子羅の屋敷兼村役場へ押しかけます。馬は言いました。

「村の衆よ。かねて州役所から手配されていた重罪人、トワン・ユーを召し捕った。こ奴の首を刎《は》ねれば、村も安泰じゃ」

「黙れ、狗役人め！　俺が何の罪なのかは知らんが、州役所の手配なら勝手に首は斬れぬはず。おまえの首だって危なくなるぞ。それよりもおまえは、聯の書き変えが気に入らんのではないのか。それなら虎か狗か、俺と立ち合って腕で決めろ！　正式な勝負で首を斬るなら役所に咎《とが》められる心配もいらんぞ」

ユーがやり返し、そうだそうだと群衆が囃《はや》したて、馬もなるほどと思ったらしく、自信満々で勝負を受けました。

村の広場に試合場が定められ、ユーと馬子羅が向かい合います。拳法の構えを取る馬子羅の前で、ユーは服の臍《へそ》の上にあたるところに縫いつけておいた、緑地布に両手を当てました。

右手親指の腹で絹布の右端を押さえて、左親指の腹で左端を押さえて、『馬子羅の背後へ』と念じます。馬が動き始めた瞬間、左右の親指を一点に突き寄せると、目の前に馬のうなじがあり、ユーは力いっぱい、右の手刀でそこを打ちました。

馬子羅は硬直して棒のように倒れ、群衆はどよめきました。ユーはもう一度右親指を絹布にあてて母の面影を念じ、左親指を『母の前へ』と突き寄せます。右親指の自分の位置と左親指の目的地の間が縮地《しゅくち》され、一気に暗い部屋へ飛び、荒縄で縛られた母の姿を見つけました。気遣いの言葉もそこそこに母を背負い、今度は左親指を拓束《たくとう》（現在の昆明《クンミン》）にいる叔母の部屋と念じて移動し、母をその妹に託《たく》しました。

気がかりを解消し、ユーはすぐに縮地法で馬子羅との試合場に戻りました。馬はまだピクとも動かず、人々が騒いでいます。

「皆さん。責任はすべて俺が取るよ。しかし馬もまんざら馬鹿じゃない。息を吹き返させ、どう言うか聞こうよ」

水をぶっかけられて、馬子羅は目を覚ましました。それを待っていたユーは、馬と村人全員の前で自分の縮地術の威力を見せました。

術の威力は凄まじいものです。行先でユーがどれほど手間どっても、費やした時間は、元の場所ではほとんど瞬間にしか過ぎません。ふつうに往復すると半月ほどかかる永昌郊外の臥仏寺《がぶつじ》で、参拝者の列に並んでその日の朝の御札《おふだ》を受けて帰ったり、大理城門前の、名物大肉粽《おおにくちまき》の湯気の立つ大皿を持ち帰り、皆に味見をさせても、うっかり頬ばると火傷《やけど》するほどの熱さ。ほとんど時間はかかりません。

「ご覧の通りで、もし誰かが訴えても、俺は同じ時に大理か思茅《しぼう》（今の普洱《プーアール》）で別の人に会い、遠くにいたと証言してもらえるよ。だから皆さん、これからは、俺はここに居るけれど居ない者だと思っておくれ。そして困ったことがあったら相談しておくれ。本主神さまとの約束だから、術は決して悪用はしない。悪用したら二度と効かなくなるし、報いはみんな俺のところに跳ね返るんだと、神様にきつく脅《おど》かされているからね」

村人たちは大喜びで大喝采、さすがに馬子羅は仏頂面ですが、ユーの言い分を受け入れるしかありません。ユーは一転して村の英雄となり、人々は村に戻った母親ともども、トワン家の親子に親切の限りを尽くしてくれます。

下邑村の近辺で、ユーに手出しする者はいなくなりました。なにしろ辺鄙《へんぴ》な田舎で漢人は馬子羅ひとりきり、モンゴル人は永昌にでも行かないかぎり、姿を見ることもありません。

しかし大きな街や村では白族がいじめられ、人間扱いされない事件があちこちで起きていて、ユーの噂《うわさ》を聞いた人々は助けを求め、ユーはひっぱりだこになりました。

――本主神の言う通り、これからはペーホを中心に、まじめに生きる者を護るのを仕事にしよう。下邑村では村中が味方で気楽だし、しかもそんな人々を助けるなんて、俺の気性に願ったり叶ったりの役割だ。しかしなぜ、俺に人殺しの疑いがかかったのだろう。人を殺したはずはないが。そうだ、もう一度永昌へ行き、確かめてみよう。

縮地術で行くのは簡単ですが、事情を探るためには歩くしかありません。いろいろ考え、隣のリ・サンにも相談した末、彼は鍋の修理屋になって永昌へ行くことにしました。

もう一度爺さん神に会おうと本主神の廟を探しても見つからず、漢人と争った付近で事件のことを尋ねましたが、殺人なんて聞いたことはないと、誰もが首を傾《かし》げます。そのうちに永昌に着き、リ・サンが作ってくれた「鍋修理」の旗を竹竿の先に結び、通り端にむしろを敷いて座り込みました。

大きい街だけに与太者もいます。白族の若者数人が通りかかり、ユーの旗を見て笑いました。あの田舎者をからかおうぜと、早速に相談し、水汲み場へ米を洗いに来た、これも同じ白族のお婆さんの、土鍋を取り上げました。お婆さんが抵抗したので、弾みで石の階段に土鍋が当たり、二つに割れた鍋から米がこぼれ落ちてしまいました。お婆さんは金切り声で叫びながら米を集め、与太者たちははしゃぎながら、割れた土鍋をリーの膝の上へと放りました。

「さあ、この土鍋で飯を炊けるようにしてやんな。婆さんが泣いてるじゃないか」

「土鍋修理ってどうするもんか、見せてもらおうぜ」

割れた土鍋を修理するなんて、大都《だいと》（モンゴルの冬の都＝今の北京《ぺきん》）で誰かが、そんなすごい新技術を発明したのかいと若者たちは笑い、集まった人たちもつられて笑います。しかしユーは黙って割れ目を合わせ、膝に挟んで鍋全体を擦《こす》りました。外見は変わりませんが、軟化術《なんかじゅつ》が効いてくると土鍋は少し柔らかくなり、くっつき始めたようです。ユーは頃合いを見て、お婆さんに頼みました。

「米を一握り分けておくれよ。修理代はいいから」

たき火を作ったユーは、修理中の土鍋に水と米を入れて粥を炊き始めます。水はひっきりなしに割れ目から滲《にじ》み出てたき火に落ち、灰神楽《はいかぐら》が吹き上がります。果たしてどうなるのか？　与太者たちはにたにた顔、見物衆も腰を据え、見届ける態勢になりました。

やがて固めのお粥がほんの少し炊き上がりました。温かい粥を鍋底に十分に練り込み、逆さにして鍋尻をポンと叩くと、鍋底が鍋尻に鍋尻は鍋底にと裏返ります。鍋底だったところの割れ目にも、粥の米粒を十分に練り込んでから、もう一度叩いて鍋底に戻し、最後はていねいに硬化させて修理は出来上がりました。

水を入れ、一滴もこぼれぬ様子を確かめたユーが、土鍋をお婆さんの手に戻すと、人々はこぞって拍手しました。しかしこれでは与太者たちの引っ込みがつきません。面目を失いかけていることくらいは察しがつき、無性に腹を立てて、何がなんでもユーをやっつけようと、一斉に殴りかかってきました。ユーは軽々とかわしながら、先頭の若者の手を摑みました。硬化術を解かぬままの手に摑まれた若者は一瞬の間に金縛りにあい、驚いた連れが立ち止まった隙に、ユーは与太者全員を次々と硬化させ金縛りにかけてしまいました。

驚きと畏《おそ》れに群衆までもが金縛りにかかったよう、皆、目玉だけを動かせて、ユーの顔と与太者たちを見比べます。ユーはさっさとむしろを巻き、旗をたたみました。

与太者たちに対する怒りは強く、一顧《いっこ》だにせず立ち去ります。

——クズ野郎どもめ、そのままそこで朽《く》ち果《は》てろ！

後ろから「修理屋さーん！」と、呼び止められました。振り返ると、鍋を割られたお婆さんでした。息を切らせてユーの袖を摑み、お婆さんは言いました。

「あのね。すまないが、あいつらをもう許してやっておくれ。もう、いいんじゃない？　あんた、観音様のお使いだろ。そのうち許してやるんだろ？　孫みたいな連中じゃないか、私は見てられないんだよ」

お婆さんの涙ぐんだ顔を無下《むげ》にはできず、ユーは戻って与太者の金縛りを解いてやりました。若者たちは肝っ玉も消し飛んだ風情《ふぜい》で逃げ去り、お婆さんは手を合わせてユーを拝みます。ユーのほうもそれには驚いて、小走りにその場を離れ、それから一目散に逃げ出しました。

——拝まれるとはびっくりだ。観音のお使いなんて言われたが、そんなこと、本主神の爺さんの話にはなかったぜ……。

しばらく考えたユーは、緑地布に両手を当て、宿を借りた神廟を念じました。すると散々探しても見つからなかった廟が、忽然《こつぜん》と目の前に現れました。

――ハハン、やはりこのほうが便利だな。

ユーは神像にぬかずいて拝みました。爺さんが現れます。

「爺さま。オッと本主神さまにお伺《うかが》いしますが、私が教えていただいたのは、観音さまの神通力《じんずうりき》なのですか？」

「アホか。神通力というものは、あんな程度のもんじゃない。強いて言えば縮地は六神通の神足通《じんそくつう》に近いが、天眼《てんげん》、天耳《てんに》、他心《たしん》の三通には及ばん。まして宿命通《しゅくみょうつう》、漏尽通《ろじんつう》などは、わしもまだ修行中なんじゃ……しかしなぜそんなことを聞く？」

天眼、天耳はそれぞれはるか遠方のことを見たり聞いたりする超能力、他心通とは他人の心を知る能力をいい、宿命通とは生命ある者の前世の様子を見通す能力、漏尽通とは自分の煩悩が尽き、覚りが近づいたことを自覚する能力のことで、いずれも仏道を完成すれば身につくものです。

ユーは下邑村へ帰ってからのこと、鍋修理をしたこと、その時お婆さんの言ったことなどを、詳しく話しました。爺さま神はじっと聞き入り、やがてユーに尋ねました。

「もし婆さんに頼まれなかったら、その与太者を、どうするつもりだったかね？」

「うーん。かなり腹が立ったんだから、夜になるまでは放っときましたね。そう簡単には許せないや」

「そうか。では相手がモンゴル人や漢人だったらどうかね」

「ペーホと同じというわけにはいきませんよ。奴らを追い出すには、きついお灸《きゅう》を据《す》えてやらなきゃね。それにまる一日固めておいたって、簡単に死ぬような奴らじゃありませんからね」

「モンゴル人、漢人が相手でも、殺すつもりはないんだな」

「好んで生き物を殺すのは、魂を病む者だと母親が教えてくれました。観音さまを念じる者は、羊や鶏だって簡単には殺せない。まして人の姿をしたものを殺すなんて、魂を捨てた者でないとできないことだって」

本主神は深く頷きました。

「わしの見込みには、間違いが無かったようだ。ユーよ、おまえはペーホ族や弱い者のためにこれから観音の使者にならないか？」

本主神は次のように言いました。

ペーホ族や、ヒマラヤ山脈やチベット高原に生きる人々は、昔から観音によって守護されてきたが、最近のペーホ族の多くはそれを忘れ、観音から遠ざかってしまった。

そのため、観音の護りと導きに出会う代わりに、泥棒、詐欺師、人殺しと出会いやすく、被害を受けることが多くなった。観音菩薩を念ずるだけで、その守護を受けられることに誰も気づかぬ時、菩薩の使者である利爪吼怒牙獣王《リソウクヌガじゅうおう》を召喚《しょうかん》する秘密の呪法《じゅほう》がある。おまえにその呪法を教えるから、獣王の姿となって、人々を助けてやってくれないか。全身を白毛で覆われ、爪と牙の凄まじい威力で悪人を払い善人を救うそれは観音の使者と呼ばれるが、人間には巨大な白虎《びゃっこ》か、雪豹《ゆきひょう》のように見えるだろう、と。

「えっ、そんな恐ろしい悪獣《あくじゅう》になるなんて」

「悪獣じゃない、慈悲《じひ》の獣王だ。黄金の眼の一睨《にら》みだけで、悪人は昏倒してしまうと言われるが、観音の使者は悪党だけを脅かし、兎一匹だって殺しはしないんだ」

「……」

「いくら高貴な存在とはいえ、人間であるおまえに獣になれとは、酷《ひど》い話に違いはないが、人助けのためなのだ。それに、生き血に穢《けが》れることさえしなければ、必ず人の世界に戻れるごく簡単な方法もあるんだから」

使者を引き受ける者は、最も信頼できる人に頼んでおいて、『唯心偈《ゆいしんげ》』を自分に向かって唱えてもらえれば、即座に人身に戻れると本主神は教えました。偈文は次の通りです。

若人欲了知《ジャジンユーブーチー》　三世一切仏《サーセーイーサイブー》
応観法界性《オーカンハッカイセー》　一切唯心造《イーサイスイシンゾー》
若《も》し人、過去現在未来一切の仏のこころを知らんと欲せば、
まさにこの宇宙の本質を、一切は唯《た》だ心造《しんぞう》なりと観ずべし。

さてその後、下邑村の村人はユー母子の姿を見ることがなくなりました。やがて不思議な噂が、鄧川州から周囲に広まっていきました。ふだん高山にいて里には姿を見せないはずの雪豹や、滅多にいない白虎に出会う者が増え、しかも出会った者には例外なく、「ひたすら観音を念ずれば、白い使者が必ず心正しい者を護ってくれる」と告げるのだそうです。

役人たちは怒りました。流言蜚語《りゅうげんひご》は世を乱すものだと、噂を口にした者を役所にしょっぴきました。しかし噂は根強く、なかなか消えることがありません。

そうして数年が過ぎたある日、下邑村吏の馬子羅のもとに、遠く拓東の役所から文書が届きました。ある女の家に白虎が出入りするという情報があり、調べたところそ

の家には鄧川州下邑村にいた女が住んでいるらしいので、当地に来て確認せよとの指示書でした。

読んだ馬の目が、キラリと光ります。数日後の夕刻、拓東の役所に到着した馬子羅は旅装を解く間も惜しみ、担当者の案内で捕吏を引き連れ、女が住むという家を訪ねました。戸口に立った馬はニヤリと笑いました。出会った女は、まさしくトワン・ユーの母親でした。

馬子羅が捕吏に合図し、まさに母親を捕らえようとした時です。恐ろしい怒りの咆哮《ほうこう》が響き渡り、捕吏たちは仰天して振り返りました。夕闇の中に白く巨大な獣の跳躍する姿が見え、馬子羅に飛びかかってガチッと牙を鳴らしたかと思うと、即座に後ろに飛び退りました。巨大な石像が出現し、獣を遮《さえぎ》ったからでした。

ところがその次の瞬間、獣も女もそして石像も、すべてがその場から消え去りました。夕闇の中には、跳ね飛ばされて二度と腰が立たなくなった馬子羅と、失神した捕吏たちが取り残されました。

前歯を二本も折って潮垂《しおた》れた息子を抱き、ユーの母親は幼児をあやすように慰めて

います。その横では本主神が平謝りに謝りながら、

「おまえの勢いがあまりに凄かったので、本気で噛み殺すつもりかと心配したからだ」

と弁解しました。生き血に触れさせるわけにはいかないと、大慌てで間に入ったんだ、
と更なる弁解のあと、次のように言いました。

「十分に役割を果たしてくれたから、ペーホは、これからしばらく大丈夫だよ。その間に次の者を探すから、交代するのがよいだろう。緑地布の西端まで行き、絹を捨て術を忘れ、安らかに暮らすのがいちばんよい。そこには威張る連中はおらず、チベット族が平和に暮らしているところだ……それにどんな頑丈な歯だって、いずれは無くなるもんだよ」

本主神はそう慰めながら、わしの肩も、まだかなり痛いんだぜと、密かにボヤいたのでした。

おわり
（中国少数民族の民話より）

二行の詩

豊臣秀吉が死去し、日本軍が朝鮮半島からの撤兵に苦戦を続けた頃の話です。朝鮮国の監事《かんじ》を勤める、金奨《キムジャン》という若い両班《ヤンパン》がいました。両班は朝鮮国の貴族階級で、議政府に出仕すると文《ムン》班と武《ム》班に分かれ、併せて両班と呼ばれました。監事は文班で、地方の様子を巡視し、議政府へ報告する役職です。

壬辰倭乱《イムジンウェラン》（文禄の役）の和睦《わぼく》後、金奨は戦後の復旧の様子を巡察せよと、朝鮮海峡から東海に及ぶ沿岸部へ派遣されました。しかし平和は続かず、丁酉再乱《チョンユジェラン》(慶長の役)が始まり、南北慶尚道《キョンサンド》全体が大混乱となりました。

侵攻する日本軍と迎え撃つ朝鮮軍、援軍の明軍、さらに朝鮮の民衆が参加する義兵《ウイビョン》

の四者が絡み合い、時には友軍の間で利害が対立する混乱までが生じ、金奨は職務遂行が不可能となり、首都漢城《ハンソン》（ソウル）へ戻ることにしました。若いとはいえ、四年にわたる旅に疲れ果ててもいたのでした。

金奨は洪継陽《ホンゲエヤン》という同郷の後輩である武班と同行し、白丁《ペクチョン》と呼ばれた下層民出身の従者二人を従えていました。この一行は、激戦地だった東海側の蔚山《ウルサン》付近では野宿続き、食事抜きと散々な目にあい、西へ通り抜けようとした山間の寒村で、とうとう日が暮れてしまいました。

地元の両班屋敷にようやく宿がとれましたが、見知らぬ老人と三人の同宿です。久しぶりの温かい食事の後、所在無いままに、金奨は老人に話しかけてみました。相手は官吏ではないようですが、主人が相部屋にしただけに、品位を感じさせる人でした。互いの旅の話から、老人は若い頃易学《えきがく》を学ぶため、中国へ遊学したと語り始めました。

「ほう、そうするとあなたは卜占《ぼくせん》をよくされるのですね」

「まあ、そういうことになります。今では私のことを、易者《えきしゃ》だと思っている人もいるのですから」

そう言って老人は苦笑します。職業にしたつもりはないが、頼まれて断りきれず、卦《け》を立てることが増えたと言います。

「良ければお伺いしたいのですが、今後の私の運命は、どんなものでしょうか？」

そう言いながら、金奨は自分の言葉に内心で驚いていました。そんなことを尋ねるつもりは、今の今まで全く無かったのに……。

老人は金奨の顔を見つめました。首を傾《かし》げてまた眺め、しかし無言のままです。金奨も無言で見返し続けます。見知らぬ土地で思いがけぬ一夜を過ごす自分が、にわかに侘しく思えてならず、年下の洪の前ながら、何らかの言葉の支えが欲しくなってしまったようです。

――官界に人生を懸けるつもりではあるが、首都漢城に戻った時、自分たちの立場は果たしてどうなっていることか……。

乱世の心もとなさが、胸に迫って来るのでした。

荷の中には算木《さんぎ》も筮竹《ぜいちく》もあるようですが、老人は、それを手にしようとはしません。しかし沈黙のまま、やがて意を決したように文机《ふづくえ》に座を移し、筆を取って紙に二行の文を記し、金奨に渡しました。

花山騎牛客《カザンキギュウカク》（花の山に牛を騎《き》す旅人）
頭戴一枝花《トウサイイッシカ》（頭に戴《いただ》く一枝の花）

筆跡の見事さに驚きながら、金奨は五言の二行を読み下しました。

「おおこれは、情景が鮮やかに目に浮かぶようです……しかしこの詩句から、私の運勢がどう読み解けるのでしょうか？」

老人は静かに硯箱に蓋《ふた》を被《かぶ》せ、再び沈黙を守ります。

「これが私の運命だというのは、確かなのですか？」

少し声高《こわだか》に迫りましたが、老人は頷《うなず》くのみです。

「でもこれで、自分の運命がどうなるのか、さっぱりわかりませんが」

金奨は膝を進めて問い、すると老人は座を退《すさ》り、若者に対して低頭しました。

「その時が来れば……いえ、いつかわかる時が来るというほかには、私に話せることはございません」

その時？　いったいどんな時が来るというのか……。

疑問は残りますが、人との対応の経験を積んだ金奨には、これ以上の追及は無駄だとわかりました。しかし会話は完全に途切れ、洪は沈黙のままで三人三様の沈黙が、その夜を一層長いものとしたのでした。

それ以後の二人は、再び老人に会うことはありませんでした。しかし不可解な二行の詩句は金奨の心に深く残り、思いに耽《ふけ》ることが増えました。長い道のりを馬上に揺られていると、あの二行がふと胸に甦《よみがえ》るのです。それまで論語《ろんご》の主な語句や、詩経《しきょう》や春秋《しゅんじゅう》の内容を折りに触れて話してくれた先輩文官の沈黙は、若い洪継陽を寂しがらせました。まだ正式任官前の洪には、金奨の言葉は長旅の時を充たすだけでなく、学びの機会でもあったからです。

とはいえいつも、思いに耽る余裕があるわけではありません。一番の危険は軍隊との遭遇ですが、それ以外にも危険がありました。身分差別への反抗が各地に広がり、いたるところで両班屋敷が襲撃されたりしているのです。

李氏《りし》朝鮮国は前代の高麗《こうらい》国の影響を払拭《ふっしょく》するため高麗が国教とした仏教を弾圧し、またたく間に儒教中心の国へと転換しました。両班（貴族や地主階級）、中人《チュンイン》（医師など専門職）、常人《サンイン》（主として農民）を良民とし、奴婢《ノビ》や白丁、妓生《キーセン》（芸妓）などを賤民とし、仏僧や工人商人も常人の下、賤民身分に落とされました。特権を持つ王族とそれに次ぐ両班が、常人や賤民たちから好きなように収奪する典型的な階層社会の仕組みです。しかしそれは破産者、犯罪者を増やすことにもなったので、新規賤民が続出することになりました。負債や犯罪などを理由に奴婢身分に落とされた者たちは、戦時の混乱に乗じて身分証書を焼却しようとし、さまざまな暴動が、戦時の混乱をより大きくしたのです。

老人と別れて三日と経たぬある日、金奨たちが一つの村を過ぎる時、煙を上げている両班屋敷を見つけました。屋敷に入っていくと人気のない屋敷の中には死体が散乱し、一人の若い奴婢が息を潜めて隠れていました。彼の言葉によると、集落の住民のほぼすべての者がこの屋敷の奴婢、白丁とされていて、昨夜屋敷を襲って証書類を奪い、防ごうとした者を殺し、屋敷に火を放って逃散したといいます。

動くものの気配は全くありませんが、辺りには不気味な緊張感が漂います。助けた奴婢を身寄りのいる隣村へ送ることにし、急いで屋敷を出発しようとした時、白丁のひとり、一行の最年長者である従者の柳誼《リュウイ》が言いました。

「お願いします。あなた方二人はもう笠子《カッ》帽を脱ぎ、身なりを変えて下さい。それでなくてはお供ができません」

冠帽《かんぼう》は両班身分の証《あかし》です。洪継陽がさっと顔色を変えました。しかし反抗の言葉ではないと即座に判断した金奨は、洪をなだめました。

「柳の言う通りにしよう。ここで皆の力を合わせなくて、どうやって切り抜けるというのだ!」

二人は焼け残った倉庫で衣服を探し、慌ただしく身なりを変えました。馬二頭も放し、急いで集落を離れます。

――柳はかなり場数を踏んだ男だ……。

そう見て取った金奨は、旅の主導権を柳誼に委《ゆだ》ねてみました。一行は人目を避けながら再び西へ向かいますが、流血の跡が各所にあり、気を許すことができません。しかし金奨の見込み通り、柳誼が傑出した能力で状況にうまく対処することが、次第にわかってきました。危険に遭遇しても落ち着きを失わず、冷静に相手の出方を観察し、言葉を交わしながら窮地に陥《おちい》るのを避けていきます。その態度はとても、隷属が続いていた人間とは思えません。何度も危地を脱し、数日がかりで首都への街道に辿り着いた夜、金奨は柳に尋ねました。

「柳よ。おまえがもと、しかるべき立場にいたことはよくわかった。正直なところ、おまえのお蔭で皆が無事だったようなものだ。しかしなぜ私たちを見捨てなかったのだね？　この二、三日の間に、賤民身分を逃れる機会、新しい仲間に加わる機会が何度もあったはずだが」

「金奨様、あなたはとても善良な方ですが、われわれ下積みの人間のことをご存知ないのです。確かに私は地方軍で下士官を勤めましたが、横暴な上官を過《あやま》って殺し、死は免れたものの賤民とされました。しかし同じ白丁といっても、官奴《かんど》は民間の白丁を監視し抑えこむ役割を負い、しかも家族一緒に暮らすことが許されているので、一般の白丁からは、かえってひどく憎まれているのです。決して仲間にはなれません。しかも官奴の家族は、実際は役所の人質です。自分が逃げると家族がどんな目にあうか、私たちはいつも思い知らされています。ですから掌隷院《チャンネウォン》（奴婢についての官衙《かんが》）に記録が残るかぎり、この国で私たちが自由に生きられる余地はないのです」

そう説明されると、金奨も洪継陽も返す言葉がありません。しかし翌朝、世間をよく知るその柳ですら、驚くことに遭遇したのです。

宿を出て漢城へ向かう途中、一行は大人数の集団が南下して行くのとすれ違いました。白衣に頭巾、長柄の棒を携《たずさ》え、千人を超える逞《たくま》しい男たちが四列の縦隊を組み、無言のまま駆け抜けていったのです。刀槍《とうそう》や弓箭《きゅうせん》といった武器類も馬の姿もなく、しかも将校と兵の区別もないような集団ですが、戦地に赴《おもむ》く軍とおなじ、凄まじい迫力を感じさせる移動でした。柳誼が腰に手を当ててそれを見送り、茫然《ぼうぜん》としている様子を見て、金奨は通りすがりの男に、今見た集団について尋ねました。

「あぁ、今行ったのは義僧軍《ウィスン》だよ。順天《スンチョン》近くで、海に逃れる倭軍をようやく捕捉《ほそく》したらしいが、王様としては、惟政《ユジョン》和尚に行ってもらわないと、また負けると心配なんだろう」

惟政和尚は、その当時の朝鮮仏教界の中心的指導者だった、西山休静《ソサンヒュジョン》和尚の弟子です。休静は、仏教を激しく弾圧し続けた朝鮮国王が、西山大師と尊称を贈らざるを得なかったほどの高僧でした。倭乱に際して窮迫した朝鮮国政府は仏教教団の協力を求め、高齢の休静は惟政を中心に義僧集団を結成しました。日本軍、明軍だけでなく、朝鮮国軍さえ軍糧を得るため村を略奪した時代です。義兵とともに民衆を守ろうとしたのでした。

その惟政和尚は、激戦地の蔚山城へ休戦使節として赴き、加藤清正と三度にわたる和平交渉を行いましたが、その時猛将清正をして、「あなたの言葉は変わることがなく、常に信頼できる」と言わしめたほどの、傑出した人でした。また秀吉の死後には、朝鮮国の正使として日本に渡り、伏見城で徳川家康と会談し、数千人の朝鮮人捕虜の帰国を実現しました。家康は惟政和尚の人格に深い感銘を受け、それが徳川幕府成立後に室町時代以後の朝鮮通信使を復活させ、十二回にわたる交流を行い、明治時代までの緊密な日朝友好の基礎を築くもとになったのです。

「仏僧は虫一匹ですら、生命を奪うことを戒《いまし》めると聞いていますが、相手が倭人なら殺すのでしょうか?」

柳誼が真剣な顔つきで金奨に尋ねました。旅の主導権を委ねられてから、一度も見せなかった確信のなさそうな目の色ですが、とはいえ儒生《じゅせい》で仏道にはうとい金奨に、答えられる問いではありません。それで漢城への道すがら、彼らは義僧について、行き会う人々に尋ね回りました。

柳誼の問いに対する直接の答えは、得られませんでした。しかし義僧の奮闘が、何度も戦いの決め手となったとか、戦闘が終わると敵味方の区別なく負傷者を救護し、放置された死者を弔い、双方から敬意を払われていると聞きました。

壬辰倭乱で漢城に危機が迫った時、朝鮮王宣祖《ソンジョ》は早々に軍を率いて開城へ逃げ、取り残された民衆は怒り罵《ののし》り、その反動から至る所で日本軍を歓迎しました。しかし戦功の証として朝鮮人の鼻を削《そ》ぐなど、日本軍の残虐行為が知られるにつれ、義兵となって戦うものが増えたことや、今では国軍よりも義兵・義僧軍のほうが民衆の信頼を得ている、などということを彼らは現実を通して知ったのです。

——儒《ジュ》は人倫の秩序で国を保ち、仏《ブツ》は出家遁世《しゅっけとんせい》で国を滅《めっ》すと論じてきたのだが、上が下を卑しめ私腹を肥やすだけでは、国は危うい。この国は自ら大乱を招いているのではないか。

金奨の胸に疑問が広がります。身分や階級の秩序で命令するだけで、戦に勝つことなどは望めない。自らの身を捨てる大義を感じぬ限り、人は兵とされても我が身を守ることを第一とし、あるいは弱い者に武器を向けるだけになる。そして個々の兵が乱れ始めると国全体が収拾《しゅうしゅう》のつかぬ混乱に陥っていくと、金奨は戦乱の中で、身を以て学んでいたのでした。

漢城へあとわずかというところで、急に胸に強い痛みを覚えて金奨は倒れました。急激な衰弱に見舞われたようですが、病人を背負って進むことはできません。やむなく金奨の身体を木陰に横たえ、柳が洪に同行を求め、二人は近くの村へ出かけました。

しばらくして荷馬と両班の服装を手に、二人は戻ってきました。両班屋敷を探し、洪が身分を明かして援助を求めたのです。街道から離れぬかぎり、漢城までの道筋に危険はないらしく、服装を元に戻すほうが良いだろうと判断したのでした。

だが二日後に辿りついた漢城で、正面に見えるはずの景福宮《キョンボックン》（王宮）は影も形もありませんでした。日本軍の入城する直前に、王の逃亡に怒った民衆が略奪し放火したのです。衝撃を受けた金奨は馬の背から転げ落ち、気を失ってしまいました。

やがて敗れた倭軍が全面的に撤兵していき、戦乱は終わりました。しかし七年にわたる戦火は、その後の国内の混乱を長引かせました。侵略者に秩序を破壊され、国内に積もった不正と腐敗に火がつき、反乱と蜂起が全国に広がりました。そうなると農村人口が減少し、租税を集めることもできません。朝廷は納粟策《のうぞくさく》という政策をとり、納税を順調に行った者に身分制度にもとづく報奨を出すことにしました。賤民から平民へ、常人が両班の身分を手に入れることもできるようになりました。しかし急場の対策としては愚策に過ぎず、困窮する者の憤激を買っただけでした。

この時代の朝鮮には『春窮《チュングン》』という言葉があり、納税に苦しんだ結果、翌年の春に生活に窮乏する者が続出することを意味します。倭乱後の春窮は特に厳しく、日本に対する怒りと反感が全国に拡がり、国交回復後の江戸時代、日本商人は港湾居留地の倭館《ウェグァン》から、外へ出るのをためらったと伝えられます。

金奨の病気は長引き、出仕できぬ日々が続きました。洪は捕盗庁《ポドチョン》（警備、治安維持の担当機関）に任官しましたが、金奨が褒章を申請した柳たちについては、何の音沙汰もありません。それだけでなく、義兵や義僧の奮戦や軍功まで、すべてが無視されたままでした。

春が巡ったある日、監営《ガムヨン》の若い同僚が金奨を見舞い、折よく快復に向かっていた金奨は誘いに乗って酒楼に向かいました。若者たちの倹《つま》しい酒宴ですが、数人のまだ見習いのような若い妓生も侍《はべ》ります。鼓《つづみ》を打ち歌い、酒杯も手にし、疲れた金奨は酔って少し苦しくなりました。それに気づいた一人の妓生が、自分の小部屋で休ませてくれました。

部屋に誘い、水を飲ませてくれたまだ幼さの残る妓生の初々しい優しさが身に沁み、金奨は心満たされて横たわり、少女は宴席に戻りました。

金奨が調度も粗末な小部屋を眺めていると、簡素な文机の上の、手習いの束が目に止まりました。少女が宋詞《そうし》や明詩《みんし》を写したらしく、興味を覚えた金奨は起き上がり、手に取りました。貧窮の裡に育ったらしく、稚拙なだけの筆遣いですが、しかしひたむきに筆法を習っていることが伝わります。しかも詩文の選び方になみなみならぬ心が窺われ、次々と紙を繰りながら読み進むうち、一篇の詩に目が釘付けとなりました。

――手習いの師が選んだだけか……いや、あの娘が選んだのではないのか？

清香旨酒千人血《セイコウシシュセンジンケツ》　（香り高い旨酒《うまざけ》は　千人の血）
細巧珍羞萬姓膏《サイコウチンシュウバンセイコウ》　（手を尽くした料理は万人の膏《あぶら》）
燭涙落時人涙落《ショクルイラクジジンルイラク》　（宴席の蝋滴《ろうしたた》る時人の涙も滴り）
歌声高処怨声高《カセイコウショエンセイコウ》　（歌声高き処に怨みの声高し）

――ああ、私は自分の身の苦しみにかまけて早くも民の苦しみを忘れ、他人事《ひとごと》としてしまっていた……。

読み下すなり、胸を衝《つ》く悔いに苛《さいな》まれて、自責の苦しみに金奨は身悶《みもだ》えする思いです。逃げるように酒楼を抜け出し、慌ただしく帰宅して致仕《ちし》（辞職）の届けを書き、そのまま監営へ届けさせました。

翌日、上司や同僚たちが駆けつけてきました。金奨の人柄を惜しみ、前途を心配してくれるのでした。しかしその声を振り切り、その日のうちに屋敷など官給のすべてを役所に返上し、金奨は馬一頭だけを求め、家郷へと漢城の門を出たのでした。

金奨の故郷は朝鮮北部の東海岸、漢城から馬で六日ほどのところにあります。しかし旅の三日目、まだ海を見ぬうちに体調が悪化し、彼は馬に乗れなくなりました。路銀《ぎん》は何とか足りるはずですが、故郷はまだはるかに遠く、旅路《ろ》にひとり病む寂しさと土地の惨状が、失意の心を苛立たせます。この辺り、倭軍の侵攻はなかったはずなのに、農地の荒れようは信じ難いほどひどく、それはほかならぬ政治の無策の結果だと、金奨にはわかるからでした。

出立を焦る金奨の姿を見かねて、宿の主人が言いました。

「お客様。その身体で騎馬は無理です。どうしてもとおっしゃるのなら、牛で行かれるほうがよろしゅう御座いますよ」

「何？　牛か……」

牛は耐久力があり、ゆっくり長距離を歩きます。馬に比べ病人が乗るには向いているようですが、急ぎの旅はできません。それでも寝込んでいるよりましだと馬を売り払い、金奨は代わりに黄褐色の大きな牛を一頭求めて乗ることにしました。

原野に戻ってしまったような平地を、牛はゆったりと歩きます。咸鏡《ハムギョン》山脈を東に回り込むと、海が見えてきました。

しばらく行くと、左の山の急斜面に真っ白な花が咲き揃い、金奨は花を見上げ海を見やって、仙境に遊ぶ心地で進みます。しかし洪原《ホンウォン》の町で再び体調が悪化し、金奨は旅宿で寝付きました。

——ここは洪《ホン》の故郷だ。素性も性格も良い彼は、きっと成功するだろう。だが柳《リュウ》たちは、何とかしてやらねばならない。いやそれにはまず、自分が健康を取り戻さねばならぬ。父母の許で、故郷の風光の中に身を置けば、すぐにも身体は元に戻るだろう。

もう一息だとは思いますが、自分の身体が思うように動かせません。二日、三日と過ぎて熱が高くなり、宿の主人は急いで医者を呼び、金奨の親元へ使いを走らせ、一人の若い奴婢を看護につけました。

高熱と幻覚が、金奨を痛めつけます。迷夢の中、倭軍と明軍が入り乱れて迫り、暴徒の渦に巻き込まれ、牛は歩きます。白い花びらが散りかかる中を道路へ転げ落ち、優しく冷たい手に抱かれて目覚めると、若い女が枕元にいました。

女は金奨の額から掌を外し、気遣わしげに金奨を見つめています。

「私は、どれほど眠っていたのか？」

「昨晩は、一度もお目覚めになりませんでしたが……」

女奴婢は布を冷たい水で絞り、金奨の額を湿らせます。

「眠らずに傍にいてくれたのだね。名は何と言うのだ？」

「一枝花《イルジファ》と申します。この宿の家婢でございます」

その瞬間、金奨はあの老易者の詩句を我が耳に聞く思いがし、疑問は氷解《ひょうかい》したのでした。

花山騎牛客
頭戴一枝花

詩句の通りに牛に騎し花の山を過ぎ、今や一枝花が頭上にいる。意味がわかるその時とは、即ち自分自身の臨終《りんじゅう》の時なのだと。

消え入る意識を励まし、彼は女の手を求めます。

——私は生きたい。生きてやるべきことがある！　柳も、あの妓生もこの若い奴婢も、皆の命が私とつながって、それぞれ懸命に生きているのだから……。

力を振り絞って女の手を探り当て、金奨は懸命に頼みます。

「済まない。どうかこの手を握り、放さずにいてくれないか」

「……はい、放しませぬ。どうか、安心してお休み下さいね」

わずかに微笑み合い、その笑みを頰に残したまま、金奨は次第に意識が遠のくのを覚えていました。

おわり

（朝鮮半島古話（独坐聞見日記・潜谷先生筆談など）より）

蟋蟀物語

一、邂逅

中国明《みん》の時代のことです。東シナ海沿岸に、周辺の人々から三塔寺《サンタースー》と呼ばれる寺がありました。大雄殿《だいゆうでん》（本堂）の横に石造りの金剛宝座塔があり、方形の基部の上に石造りの十一重塔が三つ並んで聳《そび》え立ち、はるか遠くからも寺の所在を確かめることができたのです。

この寺に譜《ふ》と呼ばれる稚児《ちご》がいました。孤児で早く寺に入り、数年が過ぎて十二歳となったある日、稚児の一人との小さないさかいの最中『鬼子《グェツ》』と罵《ののし》られました。なぜそんなことを言われたかわかりませんでしたが、後になって、その場にいた他の稚児たちがその言葉に全く驚かず冷淡だったと気づき、次第に耐え難くなって、住職の智勤《ちごん》和尚に打ち明けました。師僧は言いました。

「ちょうど皆に、戒《かい》を授ける頃合《ころあ》いだ。さっそく役所に願い出て近いうちに授戒会《じゅかいえ》を行い、おまえたち全員に、出家の心得を伝えよう」

やがて三塔寺で授戒会が行われ、他の稚児たちとともに受戒した譜は、僧名を恭《きょう》と授かり沙弥《しゃみ》となりました。加行《けぎょう》を終えれば師僧の法統に連なり、釋智恭《しゃくちきょう》と名乗ることになります。

「梵網菩薩戒経《ぼんもうぼさつかいきょう》に曰《いわ》く『戒を受ければ、真に是れ諸仏の子《みこ》なり』と。これからは互いの家郷や出自を問わず、皆が仏子《ぶっし》だ。諍論《じょうろん》を息《や》めて皆で和合《わごう》せねばならぬ。それを『同入和合海《ドウニュウワゴウカイ》』と言うのじゃ。仲良く励むのだぞ」

和合の海に入れとの智勤和尚の諭《さと》しに、皆は大きく頷《うなず》きます。それぞれ事情あって家族の輪から離された子どもたちにとって、師僧の訓戒は慰めであり、励ましでした。

日が過ぎ、恭は喧嘩した相手の沙弥に尋ねました。

「前になぜ、僕のことを『鬼子』と言ったの?」

相手は少しギクリとしたようですが、バツが悪そうに言います。

「だって、おまえが倭寇《わこう》の子と聞いたからだ……」
「倭寇……本当か？　誰から聞いた？」
「皆、知ってるさ。誰もいちいち言わないけれど、喧嘩した時は、おまえが憎らしかったから言ったんだ」

倭寇なら、鬼の子と呼ばれて不思議はありません。寺に入る前、物心ついてからの恭も、倭寇の襲撃を恐れる村で暮らしたからです。しかし自分の親が倭寇だったとは、信じ難いことでした。

倭寇とは日本人の侵略の意味で、古く朝鮮の高句麗広開土王碑文《こうくりこうかいどおうひぶん》（４１４年）に記録され、豊臣秀吉の朝鮮出兵軍も日中戦争の日本軍もすべて倭寇と呼ばれます。

しかし一般的には十四、五世紀の朝鮮半島周辺と、十六世紀の中国大陸から南海方面の海辺の人々を恐怖させた、間断ない海賊の略奪行為を指します。

東シナ海から南シナ海を脅かした全盛期の倭寇は、元寇《げんこう》の被害が大きかった日本の九州西部、特に対馬、壱岐、松浦、五島列島から始まりました。元寇の痛手で鎌倉幕府が衰えて南北朝の対立となり、室町幕府も初めは、九州まで統治の手が届かぬ有り様でした。その隙《すき》に、元軍に多数の住民を虐殺された地域から三島倭寇と呼ばれる海賊が現れ、元寇への報復を言挙《ことあ》げし、朝鮮半島や中国の沿岸を略奪し、荒らしまわって大いに恐れられたのです。後には高麗人《こうらい》や明人も加わり、明や高麗、李氏《りし》朝鮮国を大いに悩ませました。

恭は寺の近くの漁村の漁師の家で育てられ、その家で譜《ふ》と呼ばれていました。船に乗っていた身重の母が村で出産し、すぐに死んだとだけ聞かされ、他には自分について知ることはありません。寺に入ったのも、親がいないから仕方がないと思い、今まで特に不満を感じたことはなかったのです。

しかし倭寇と自分の結びつきという、思ってもみなかったことは、少年を悩ませました。思い悩むにつけ学道が疎《おろそ》かとなり、恭の修行は同期の者に遅れ始めました。怠《たい》惰《だ》を咎める先輩沙弥や周囲の目が厳しくなるにつれて、彼は次第に寺の中で孤立していきました。

作務《さむ》に追い立てられる時だけが心の休まる時となり、日没勤行《にちもつごんぎょう》の後の僅かなゆとりの時間、恭は皆と過ごすことが息苦しくなりました。夏の長い夕べなどはそっと外へ出て、堂裏《うら》の畑にうずくまり、夕陽を眺めて時を過ごす日が増えていきました。

ある夕方、恭の作務衣の左袖に一匹の虫が飛び乗ってきました。見るとそれは蟋蟀《こおろぎ》で、布地越しに生き物の重さが感じられます。さらによく見ると暗緑色の背に黄色い線が渦を巻き、中に一つの小丸を囲み、龍紋のように見えます。恭が右手を差し伸ばすと、虫は平然とその甲に跳び移りました。恭が歩いても飛び立とうとしません。しかし夕べの勤行に参加するため恭が急ぎ足になると、いつの間にか虫は姿を消しました。

二、三日暇がなく過ぎ、久しぶりに畑に出た恭が夕空を見上げていると、虫が作務衣の袖に飛び乗りました。

——や、おまえ、この間来た奴か？

恭が右手を差し伸べると、蟋蟀はやはり同じように手の甲に跳び乗りました。そうか、やはりこの前と同じ奴だな。

蟋蟀はその日も、恭の気持ちが逸《そ》れた僅かの間に姿を消しました。しかし少年の心は弾《はず》みました。あんな小さな奴だが、僕のことを覚えているんだ……。

数日後、恭が夕陽に向かって座り、膝で両手の指を組んでいると、左肩にやってきた蟋蟀がジリジリと肘《ひじ》まで下がり、両手の甲を越えて右袖を登り、恭の右肩で止まりました。恭と頭を並べ、西空を眺めるようです。流し目をくれてその様子を見やり、恭は少しおかしくなって言いました。

「何だおまえ、僕の弟子になったつもりなのか。右繞《うにょう》（右まわり）の礼を僕にしてくれたのは、おまえが初めてだよ」

右繞とは、清浄とされる身体の右側だけを仏や尊師に向け、時計まわりに堂内を巡って礼拝する行法です。日本でも法要で入堂する時、僧は本尊背後の後門《ごもん》から堂の左側へ進み入り、仏や祖師像の左側を通って前に出、右側へ回って行道《ぎょうどう》するのです。

恭は虫に、渦龍黄《かりゅうおう》という名前をつけました。育った村の子どもたちが、蟋蟀に名をつけて飼っていたからでした。明国が爛熟の時を迎えていた五代皇帝宣徳帝《せんとくてい》の時代、皇帝が蟋蟀合わせに熱中し、国内の強い虫を集めて以来、中国では国内各地に蟋蟀を闘わせる闘蟋《とうしつ》が流行し、大がかりな興行や賭博が首都北京《ペきん》や副都南京《なんきん》などあちこちの街で催され、東シナ海沿岸の小さな村にも及んでいたのです。

恭は闘蟋にさほど興味はないものの、小さな頃から馴染《なじ》み深い虫である蟋蟀の一匹が、自分を覚えてくれたことに深い喜びを感じました。ただ彼は、虫を自分の手許《てもと》で飼おうとは思いませんでした。僧坊に住む二十人ほどのうち、修行僧や随身の主だった者ならともかく小僧に個室はありません。恭にとっては、畑で渦龍黄に出会うだけでも大きな喜びでした。

しかし恭が見事な蟋蟀を手なずけたと、知った者がいたようでした。ある日、渦龍黄が恭の拳に跳び乗るのを見計らったように、三、四人の若者の一団が現れました。

「素晴らしい虫じゃないか。手合わせはさせたかい？」

一団の中心らしき青年が声をかけ、恭は無言で首を左右に振ります。その様子を見定めて青年が言いました。

「それは梅花翅《ばいかし》という上等の蟋蟀だ。自分より大きい奴にも食いつく気の勝《まさ》った奴で、土狗《どこう》と勝負しても、どちらとも言えぬほどの上物さ」

土狗というのは地面の巣穴に住み、体も大きくなる蟋蟀で、闘蟋によく使われる強豪です。

「どうだね。修行中の身で闘蟋場に出入りするのは難しいだろうから、俺たちに任せたらうまく勝たせてやるよ。おまえさんはお経を読んでりゃいいのさ。たとえ山分けでも、たんまり銅銭が懐《ふところ》に入るんだから、苦労がなくていいじゃないか？」

そうだよ、そうだよと言いながら若者たちが詰め寄ります。恭は虫を手に隠し、その手を背中に回しました。舌打ちして焦《じ》れる仲間たちを制し、頭立った若者が落ち着いて言います。

「ま、いい。よく考えろよ。俺たちはすぐにも南京へ行くんだが、一晩待つことにする。明日また来るぜ」

さっと一団の若者たちは去り、恭はなぜか身震いがしました。口を利いた青年の口調は物柔らかだったのに、なぜか他の誰よりも強い畏怖《いふ》を、その場に遺していったのです。

それからしばらく、恭は僧坊と仏殿を往復して過ごし、畑に出ませんでした。自分が近寄らなければ、渦龍黄は人前に姿を見せずにいると思ったのです。しかし気がかりに耐えられなくなり、ある日の日没後、僅かな暇を見計らってこっそりと外に出ました。夏野菜の収穫が終わった畑は、残された植物が枯れているだけで、再び耕されるのを待つようです。

「どうしてだ。待つのは一晩だけだと言ったはずだぞ」

身動きも出来ぬうち、いくつかの人影が、いつの間に恭のかまわりを囲みます。

「僕は、何も約束なんかしていない！」

「黙れ！　一晩と言ったら一晩だ。おまえの言い分など誰が聞くもんか。さあ、さっさと虫を渡せ」

「でも、虫が今どこにいるか、僕にはわからない」

激しく顔面を殴りつけられ、恭は地面に打ち倒されました。頭分の若者が膝で恭を押さえつけて怒鳴りました。

「渡さぬ気なら構うもんか、畑を焼き払って虫は皆殺しだ。おまえは放火の罪で寺を追われ、役人に追い回されろ！」

前と打って変わった凶暴さで、恭を脅しあげます。その迫力たるや、只者《ただもの》ではありません。その間に他の者が枯れ草をかき集め、火打ち石で火をつけました。火がしっかりと燃え上がると、一人が僧坊へ走りながら大声で叫びました。

「火事だ、畑に小僧が火をつけた！　皆、早く来てくれ！」

その間に他の者たちが手早く恭に猿ぐつわをはめ、筵《むしろ》にくるんで担《かつ》ぎ上げ、手際よく暗がりに姿をくらましていきます。

失神から覚めた時、恭は手足を縛る縄も猿ぐつわも外され、小さな川舟の中にいました。三塔寺付近を流れる運河にいるようで、舟は星空の下を流れに乗り、ゆっくり南へ下っていきます。乗っているのは、恭のほかに四人の若者です。

「逃げたけりゃ、水に飛び込んでもいいぜ。だが寺に火をつけようとした小僧の人相書きは、もうこの舟より先回りしてるだろうし、その毬栗頭《いがぐりあたま》じゃ逃げられないぞ。俺たちにも厄介者だが、どうやら虫を手なずけるのが上手《うま》いようだから、役に立つ気があるのなら、おまんまは食わせてやるぜ」

どうしていいかわからず、迂闊《うかつ》にものを言うまいと心を決め、恭は沈黙を守りました。若者の頭目《とうもく》がいいます。

「いい面構えだ、倭寇船の女が産んだと聞いたが、それに間違いはないだろう。その気になりゃ、一端《いっぱし》の者になれるぜ」

その時です。作務衣の襟首を虫が歩く感触がしたかと思うと、蟋蟀が恭の胸元に姿を現しました。どこにいたのか、渦龍黄に紛《まぎ》れもありません。若者の目が光り、目にも止まらぬ早さで恭の胸元に手を伸ばします。しかし虫はやすやすと身をかわして船端に飛び移ります。あっと浮き足立つ他の若者の動きを制し、頭《かしら》の青年が言いました。

「待て、小僧に任せろ！」

恭の伸ばした手に蟋蟀が止まるのを見て、頭が言いました。

「これは吉兆《きっちょう》だ、虫が俺たちに付いてきた。おい小僧さん、仲間になれよ、皆と同格に扱うぜ。それなら文句ないだろ？」

頭は孫伯《そんはく》と名乗りました。先祖は江南《こうなん》の名族だったが逼塞《ひっそく》し、今は虫師《むしし》だがいずれ一旗揚げるつもりだと言います。他の三人は彼の同郷の後輩ということで恭より年上ですが、孫伯はその三人と恭を同格だと宣言したのです。身の上を話せと促され、恭はこの連中としばらく生きていくほかはないと思い、漁師の家から三塔寺へ入った経緯《いきさつ》を話しました。孫伯は、

「それならおまえは俗名《ぞくみょう》の譜《ふ》に戻れ、皆で譜と呼ぼう」

あっという間に、恭の名は譜と改まることに決まりました。

その夜、堤に舟をつないで譜を見張りに残し、四人の若者は闇に姿を消しました。数刻後、彼らは接岸している他の舟から、食べ物や衣類を手に入れて戻りました。譜はふつうの衣服に着替えさせられ、坊主頭を水手被《かこかぶ》りに布で覆いました。

無頼《ぶらい》の仲間に入った譜を乗せた小舟は、北京から流れ出る大運河に入り、ついで長江との合流点に達しました。五人はそこで小舟を捨て、長江北岸を徒歩で南京まで遡《さかのぼ》るのです。若者たちが捕らえてきた蟋蟀に渦龍黄を加え、八つの手製の虫籠を並べて細棒に吊るし、新参の譜が肩に掛け、列の真ん中を歩きます。

長江沿いには大小無数の舟泊《ふなとま》りがあり宿があり、私設の闘蟋場が営まれていました。孫伯たちの一行は虫師として稼ぎながら、一攫《いっかく》千金を狙って副都南京を目指します。宿屋や酒場での賭博一筋の草《くさ》闘蟋ですが、闘技の基本が身につくからと、孫伯は何度か譜を虫師として参加させました。

開帳前に賭けの胴元が虫主を集め、手持ちの虫を見せ合わせます。虫の大きさや双方の賭け金などの大筋が釣り合うと取組みが決まり、対戦する虫師は虫をけしかける硬い草や、細い柄をつけた小さな伏籠《ふせご》などを手許に置き、卓を隔てて向き合います。

賭けが目当ての客たちは、その間に虫籠を観察して賭ける虫を選び、胴元に銭を払い籌馬（てんふだ）を受け取って賭けた虫の側に置きます。賭け金は官鋳銭《かんちゅうせん》百二十文を一花《いっか》と呼び、一花勝負もあれば、客次第で百花、千花の勝負にも及びますが、双方の籌馬が釣り合うと虫籠の戸を開き勝負が始まるのです。

譜と渦龍黄は、負け知らずで勝ち進みました。人の目では見極められないほどの素早さで、渦龍黄は相手の虫の背後を取り、首筋に噛みつきます。大きな虫が跳ね上がって振り落とそうとしても、渦龍黄は離れません。食いついた顎《あご》をじりじりと急所へ移していく様を見ると、大抵の相手は手の草を上げて、自分の虫から離してくれと譜に乞うのでした。

譜は次第に虫の世界に引き込まれていきました。宿に戻ると仲間との虫談義に熱中し、夜の更けるのも忘れるほどです。そんな譜に孫伯は蟋蟀についてさまざまなことを教えました。他の三人もかなり場数を踏んでいるようですが、孫伯にはかなわず無条件で従っているようでした。孫伯は虫の勝金や賭博の歩合金《ぶあいきん》などの保管にも隙がありませんが、金儲《もう》けが目当てではないのだと、時々四人の手下に天下の情勢を語りました。

「虫遊びは俺たちの暮らしの方便《ほうべん》だが、明を滅ぼすためでもある。上に立つ者が民の暮らしの足しにならぬことに血道をあげ、国を傾けるのは千年変わらぬが、明の場合は人の血と怨み、それに蟋蟀狂いだ。おれの見るところ、明を倒す反乱がすぐに始まっても不思議じゃない。しかし今は、暇があったら虫を探せ！　強い奴は、陰で討《とう》明《みん》将軍と呼ぼうぜ」

とはいえ渦龍黄のような尤物《ゆうぶつ》は、なかなか見つかりません。

長江北岸を遡って約十日経ち、左手に紫金山《しきんざん》が近づくと、川沿いはるか遠くに、南京城《なんきんじょう》が見えてきました。

「必勝を期して、明日は俺のご先祖様へお参りするぞ」

孫伯は長江を離れ、紫金山に向かいました。その山の南麓から見下ろすと、長江の本流が街の北部をかすめていて、南岸沿いに連なる赤い城壁が巨大な南京城を取り囲む様子が見えます。

一行は紫金山南麓で宿をとりました。翌早朝、五人が宿を出ると、長江から立ち昇る朝靄《あさもや》が、紫金山を覆っていました。靄の中を進むと、廟社《びょうしゃ》への参道らしきところに出ました。

道の両側に、象や駱駝《らくだ》などの巨大な動物の石像が、向かい合わせに何組となく立ち並んでいます。しかし孫伯は目もくれず、途中から脇道に入りました。道は登りになり、両側には無数の梅の老木が幹を並べ、『梅花山』と石標が立っています。頂上に、石碑が乱れ立つひどく古びた一画がありました。

「江南の守護者でおれの先祖、孫権《そんけん》の墓だ」

孫伯は地に額《ぬか》ずき、譜たちもそれに倣《なら》って礼拝します。三拝して身を翻《ひるがえ》し、孫伯はその場を離れました。再び動物の石像が立ち並ぶ参道に出ると、彼は譜に言いました。

「この先が孝陵《こうりょう》だ。明の太祖朱元璋《しゅげんしょう》、つまり人殺しの墓だ。始皇帝の墓を暴いたのは項羽《こうう》だが、俺もあの墓をいつか暴き、朱元璋の汚ねぇ死骸を、鴉《からす》に突つかせるのが望みだ」

元朝末期、農民たちで形成された紅巾《こうきん》軍の蜂起に参加した朱元璋は好機を摑み、漢民族復興の旗を掲げ、江南の勢力を集めて元を倒しました。遠い三国時代の江南の覇者、呉の孫権の子孫と称する孫伯の曾祖父らが奮戦してモンゴル族を北へ押し返しましたが、明の成立後、猜疑心《さいぎしん》の強い朱元璋は功績ある者を次々に誅殺《ちゅうさつ》し、孫伯の先祖たちのほとんどが、その時に殺されたのだそうです。

「天子とか皇帝とかいっても、洪武《こうぶ》帝（朱元璋）も永楽《えいらく》帝も、大勢の人を理由なく殺した。孝陵も孝どころか、霊谷寺《れいこくじ》という寺を勝手に自分の墓にしたんだが、もとは宝誌《ほうし》和尚という、とびきり骨っぽい坊主を弔う寺だった。坊主に借りはないが、孝陵などぶち壊し、寺だけでも元通りにしてやりたいぜ」

鬱憤《うっぷん》を吐き終えた孫伯は、一気に南京城を目指しました。

中華全土の蟋蟀が王室に集められるこの時期、南京城内にも四か所の屋根掛けなした大規模な官営闘蟋場が設営され、翌日から競技が始まります。孫伯と譜たちは朝陽《ちょうよう》門をくぐって城内に入って宿をとり、すぐ前の闘蟋場を目指しました。他の闘蟋場を勝ち抜いた蟋蟀たちとともに、南京城から首都へ送る虫の順位を決める最後の競技は、この朝陽門で行われます。

競技に出品する虫主と虫の登録が始まっていました。一人一尾、合計一千尾を選定するのは官服に身を包んだ南京城の役人です。孫伯たちの持ち込んだ八尾のうち五尾が審査を通り虫主の姓名とともに登録されました。

その夜、孫伯たちは夕食後に宿を出て、審査に漏れた三尾の蟋蟀を草に放ちました。短い一生を闘い続ける雄の蟋蟀を載せた掌を、そっと薄《すすき》の茂みに伸ばしてやると、虫は静かに居所を草むらに移します。激しい争いの日々を過ごしている若者たちの目に、その時どこか優しさの色が浮かびました。

翌早朝、太鼓三打で城門が開き、闘蟋目当ての人々が一斉に闘蟋場に押し寄せ、競技が始まりました。虫を選抜し皇帝の許に送るための競技ですから、勝負の進行や判定はすべて役人が行います。虫主が闘盆《とうぼん》に虫籠を載せると、『堅草《けんそう》』役の役人が草の穂先で虫を誘い出し、虫を怒らせて闘わせます。そして一方の虫が逃げたり、殺されそうな体勢に陥《おちい》ると闘争を止めさせ、勝敗を宣告するのです。

渦龍黄は初日、二日目とそれぞれ二回の闘技を勝ち進み、三日目に臨む六十四尾の中に入りました。これで北京行きはほぼ確定、しかもまだ無傷です。すでに敗退した孫伯たちは、今や全員が目の色を変えて渦龍黄の警護に徹しており、譜はいつか、一行の主役のように扱われていました。

異変は三日目の開門の太鼓が、鳴りやむと同時に起こりました。朝陽門から雪崩《なだ》れ込《こ》んだ群衆が、その勢いのままで闘蟋場まで突っ込んできたのです。すでに場内にいた譜たちが事態を理解する暇もなく、闘蟋台が次々と人体の圧力で破壊され、虫籠が頭上を舞い、床で踏み潰されます。意味をなさぬ喚《わめ》き声を上げる孫伯の手から渦龍黄の籠がもぎ取られ、次の瞬間、大勢の足下で踏みしだかれてしまいました。

二、流転

その場にいる者すべてが喚き叫び、柱は揺らぎ壁が破れ、次いで闘蟋場の建物全体が軋《きし》み倒壊し始めました。孫伯も譜も、虫を護るどころではありません。人波に流され、建物の外へ押し出されていきます。その間群衆の流れは一瞬も止まらず、入って来た時とは逆に、朝陽門の外へと走り出て行きます。しばらくして門内広場に残されたのは、破壊し尽くされた闘蟋場の残骸と、負傷し茫然とした闘蟋の参加者や役人たちだけでした。

「おい、動くなよ。そのままへたばっていろ！」

孫伯が、低く鋭い声をかけました。いつの間にか譜の周囲には孫伯とその仲間が這い集まり、蹲《うずくま》ったり地面に横たわったりしています。ひどい怪我をした者はいないようですが、僅かな間に、誰しもが疲労困憊《こんぱい》していました。

その時、広場の奥の故宮《こきゅう》の門が内側から押し開かれ、きらびやかな軍装の兵士たちが次々に広場に溢れ出て来ました。闘蟋場の負傷者を蹴散らしながら朝陽門から走り出ていった群衆を追って行きます。軍団が走り過ぎるのを待って、孫伯はむっくりと起き上がりました。

「見たか、故宮の禁衛軍《きんえいぐん》だ！　まさか今日とは思わなかったが、こりゃ反乱の始まりだぜ。禁軍も感づいてはいたんだろうが、守りの意識で出遅れたようだな。お蔭で選り抜きの精鋭たちの鼻先で、皇帝の今年の闘蟋のお楽しみが台無しだ。ハハハ、愉快だぜ。暴徒を指揮してた奴を確かに見たぞ。俺たちにはとんだとばっちりだが、皇帝を虚仮《こけ》にする知恵者がいるとわかってうれしいぜ。さあ、こうなったら虫師稼業は今日でおしまいだ。では街を出る前に、最後に少し楽しもうか」

孫伯はそう言って笑います。そして騒然とした南京城内の中、わざわざ役所へ行き、闘蟋の登録書五枚を示して見舞金をもらいたいと、しつこく掛け合いました。当然見舞金など出るはずもなく門前払いを食らいますが、孫伯は次第に本気で怒鳴りだします。しかしさんざん役人相手に怒鳴り散らし嫌がらせをした後、外に出た時には、金のことなど最初から問題ではなかったよう、からっともとの上機嫌に戻っていました。

昼すぎ、城外の土手で車座になって饅頭を食べていると、譜の横に座った仲間の一人が大声をあげました。

「渦龍黄だ！」

指さす先の譜の右肩に一尾の蟋蟀、紛れもない渦龍黄が、端然と佇《たたず》んでいます。さすがの孫伯も気を呑まれたか、しばし言葉がありません。

「譜よ。こんな凄い虫がこの世にいるとは、さすがに俺様も今の今まで気がつかなかった。俺はおまえを自分の思うままに連れ歩くつもりだったが、この虫を見る限り、おまえの運気を俺の思い通りにするわけにはいかぬようだ。これからどうしたいのか、やりたいことがあるなら言ってみろ」

「……ぼくは、育ててくれた両親と三塔寺の智勤和尚さまに、今までのお礼が言いたい。それさえ済めば、孫兄さんの行くところへ、どこまでもついて行きたいんだ」

「そうか……。そんなことを思っていたんだな。よし、それならここから長江を下り、運河沿いに北の塩城《えんじょう》を目指せ。渦龍黄で稼げるだけ稼げばいいが、独法師《ひとりほうし》だから、勝ったところでは眠るなよ。どこから来てどこへ行くかを、誰にも覚《さと》られんようにしろ。俺たちはこれから今日の蜂起《ほうき》を企んだ奴を捜し出し、そいつを俺の軍師にする。多少の時はかかるだろうが、おまえは生まれた村の近くにいろ。必ず迎えに行くからな」

孫伯は瓢箪《ひょうたん》製の蟋蟀壺《つぼ》を買い求めて渦龍黄を入れ、一緒に稼いだ金の五分の一とともに譜に渡しました。そしてその日、夕焼空の下で譜と若者たちは別れ、その進む路を西と東に分かちました。

ひとりになった譜は、黙々と長江沿いに下っていきます。思えば若者たちは滅多に互いの名を呼ばず、孫伯と呼ばせても、伯《はく》は弟を意味する叔《しゅく》に対する兄の意に過ぎません。孫という姓の他は名乗らなかったに等しいものの、別離の寂しさは身に沁みるものでした。

若者たちのお蔭で譜は、天性の如く纏《まと》ってきた孤独を脱ぎ捨てたようでした。孫伯はもちろん、手荒で無口な三人も年下でおとなしい譜を常に庇《かば》ってくれたのでした。そして必ず迎えに行くと言った孫伯の言葉は、肩に置かれた掌の温もりの感覚とともに、少年の心を支えるものとなっていました。

譜は乾肉や干し魚を少しずつ買い求めてしゃぶり、石で叩いて渦龍黄にも与え、野宿を重ねていきました。少年ひとりの旅費は十分で、渦龍黄を闘わせるまでもなかったのです。そしてある日、茫漠たる葦原《あしはら》の向こうに蒼い海を見ました。いくつもの水路を次々と渡るうちに運河の合流点を見逃してしまい、長江の河口三角州の、錯綜する水路の間に入りこんでしまったのでした。

そこは大潮で冠水する地らしく、人はおろか鼠の姿もなく、稀に鳥の姿を見るだけです。限りなく葦原の広がる恐ろしい場所で、見通しの利《き》く起伏がどこにもなく、その日と次の日を彷徨《さまよ》い続けて、譜は人里に出ることができませんでした。

二晩目、星空の下で乾肉を噛み、それを膝の上に留まる渦龍黄に与えつつ、話しかけているとにわかに虫は後ずさりし、姿を消しました。立ち上がると、周囲に数人の人影があり、槍や剣を突き付けてきます。譜の声を聞きつけてやって来たようです。

瓢箪に戻っている渦龍黄を見て、虫と話していたという譜の説明はなんとか受け入れられました。しかし、有無を言わせず譜は彼らの小舟に乗せられてしまいます。迷路のような水路を進んで葦の繁みを出ると、周囲を葦原で囲まれた入り江のような水面が開け、満月が映っていました。

大型の軍船三艘《そう》がつなぎ停められ、横に葦で屋根を葺き梯子をかけた高床の建物が幾棟か並び、かなりの人数が寝泊まりできそうな泊地が見えてきて、譜を捕らえた一行は舟をおり、泊地中央にある大きな一棟の建物にのぼりました。そこで譜は、自分を捕らえたのが明の水軍であることを知りました。沿岸を監視し警備するため、鷹船《ようせん》と呼ばれる軽戦艦が密かに配備されているのでした。

明は二代永楽帝の時、鄭和《ていわ》を指揮官とした大艦隊をインド洋から東アフリカへ送り、コロンブスやマゼランより、約百年先立って外洋活動を始めました。造船や帆走の技術は、十八世紀末までは、欧米諸国の追随を許さぬほどに進んでいました。

しかしやがてこの国は、沿岸に海禁令《かいきんれい》を敷きました。ヨーロッパ人が乗り組む南蛮船や日本の室町幕府との貿易を独占するため、民間貿易すべてを禁止し、高麗《こうらい》船、倭船の出入り、沿岸の明人や高麗人、倭人の動きを厳しく監視し、結果として海洋へ進出し発展する力を、自ら縮小してしまったのです。

譜が南京城から来たとわかると、兵士たちの様子が変わり、上級の指揮官が譜を呼び出しました。闘蟋場の騒乱のことや、連れの孫伯らのことが注意をひいたようです。しかし虫をめぐる争いから虫師仲間になったという経緯《いきさつ》は、若者にありがちなことと認められたのでした。南京の出来事を詳しく話せないのも子どもには当然だと判断され、お蔭で次の出航で、譜の故郷の近く、塩城まで乗せてもらえることになりました。でも譜は、孫伯たちが明王朝に対する明らかな反感で結びついていたことは、一言も漏らさなかったのでした。

河口の泊地は、塞《とりで》とか塁《るい》というよりは休養所のようで、水兵たちは貝や蟹取りに興じ、譜にも食べさせてくれました。子どもを可愛がる者が多く、渦龍黄にも関心が集まります。やがて数匹の蟋蟀が集められ、宣徳窯《せんとくよう》らしき青花《せいか》の闘盆が、持ち出されました。イスラム圏伝来のコバルトで一面の草原を染付けた白磁の盆は、戦いに臨む雄の蟋蟀を、藍《あい》色の原野に立つ華麗な戦士さながらと見たてさせる、素晴らしい逸品でした。

ここでも渦龍黄の強さは圧倒的なものでした。水兵たちは熱狂し、数日の間、衛所は闘蟋場と化し、中には渦龍黄よりも、はるかに大型の蟋蟀を見つけてきた者もいました。闘蟋は、虫を重さや見た目の大きさで揃えるのが基本ですが、譜には特別のこだわりはありません。渦龍黄がもし負傷しそうになれば、直ちに闘いを止めさせようと決めているだけです。だが渦龍黄に咬《か》みつける虫はいませんでした。

数日後、二艘の軍船が出動して行き、衛所は寂しくなりました。船具の手入れをする水夫と、警備兵が数人残っただけです。でも停泊を続ける残りの一艘は乗員を艦に引き戻し、いつでも出航できる体勢をととのえているようでした。

することがない譜が渦龍黄を肩に乗せ、瓢箪の蟋蟀盆を布で磨いていると、ひとりの水兵がそばに腰を下ろしました。穏やかな物腰の男で、名は劉暁《りゅうぎょう》といいます。譜に自分の名前を明かしてくれたひとりです。その暁が話しかけます。

「譜よ。おまえは故郷へ帰ってから、どうするつもりなんだ」

「僕は三塔寺の畑に火をつけたと思われている。和尚さんにそのことを謝り、置いてもらったお礼を言いたいけれど、寺には戻れないと思う。でも僕を育てた漁師の親は、僕が寺へ入る時に、自分たちは血のつながる親じゃないって教えてくれたんだ。無断で寺を出たことを謝らないといけないが、そこにもおられない。でも村には、漁船や塩田で働く人が大勢いたから、僕もそこで働くよ」

「生みの親のことは、何も聞かなかったのかい？」

「船に乗って来た女の人が、僕を生んですぐに死んだんだって。だから名前もわからないんだ」

「そうか……」

劉暁は沈黙して水面に目を落とします。譜は思い切って尋ねてみました。

「ねえ、倭寇ってどこにいるの？」

「何？　親が倭寇に殺されたとでも聞いたのか」

「そうじゃないけど……でも寺にいた時、僕が倭寇の子だと聞いたと、そう言った奴がいるんだ。それ以上のことは、何も知らないようだったけど」

「……いいか、そんなことは誰にも言うな！　ここの船は皆、倭寇と戦う船なんだ。疑われちゃ、ここにおれんぞ！」

劉暁は厳しい目で譜を見つめました。そして尋ねます。

「おまえ、もし親が倭寇だったらどうする気だ。親のところへ行きたいか？」

譜ははっきりと、首を横に振りました。

「人を苦しめるのはいやだ。倭寇は嫌いだ。できたら倭寇と戦いたいけれど、智勤和尚さまは、受戒すれば蟻一匹殺さぬよう注意しろとおっしゃった。僕もお釈迦様にそう誓った」

「そうか、それなら何とか寺へ戻れるよう考えろよ……生みの親も死んだのなら、倭寇の詮索《せんさく》なんかするな。親が倭寇だったかどうかはわからんが、産んだだけではまだほんとうの親じゃない。おまえを人間にしてくれたのは、育ての親だぞ」

「産んでくれたのが、ほんとうの母親じゃないの？」

「いや、親に間違いはないさ。だがおまえが自分で生きられるようになる前に死んだから、おまえとのつながりはそこまでだ。大切なのは自力で生きられぬ者を、生きる力が身につくまで世話することだ。それをしてくれるのが本当の親さ」

ふたりが話しているところへ迎えの便船が来ました。残っていた鷹船は衛所に残る全員と譜を収容し、旗艦との合流を目指して出航しました。長江河口の北方で、大規模な倭寇の襲撃があったらしいということでした。譜の故郷の近くのようです。

秋空は高く風も爽やかですが、遠くに台風がいるのか、大波が波頭を白く飛ばして押し寄せます。海上の見通しは良いのに、その日先行する二艘の戦列は見つからず、どこかで会敵《かいてき》があったはずだと推測したか、艦長は船を岸近くに寄せました。しかし次の日も味方は見えず二日目の夜、船は船首灯を高く掲げました。

「総員、甲板に出て見張りにつけ！」

味方に所在を知らせると、敵にも知られます。夜襲を得意とする倭寇が相手では一瞬の油断もできず、両舷にびっしりと立ち並ぶ兵士たちの幾十、幾百もの目が、暗黒の海面を凝視します。

「水城が攻撃されているぞ！」

陸側の見張りが叫びます。東シナ海沿岸には備倭城《びわじょう》と呼ばれる堅固な水城が幾百となく築かれて、巨大な石組み壁の上に高い望楼や砲台を備え、大きな都市や集落への、倭寇の侵入を防いでいました。砲台には仏郎機砲《フランキほう》や火箭《かせん》などの火砲も設置されています。その水城の一つに、突然大きな炎が上がり、激しい攻撃を受けているように見えたのでした。

「火砲準備！　神機箭《しんきせん》（ロケット式の矢発射器）用意！」

号令が飛び交い、甲板上が騒然と入り乱れて一気に活動を始めた時です。沖合側の風上の闇の底で、一斉に多数の小さな炎が燃え上がりました。間髪を入れず、鷹船の帆を狙う火矢が唸りを上げて襲いかかり、次いであっという間に焼き討ち船が火に包まれながら接近してきます。その船上に褌《ふんどし》だけの倭寇が数人、互いに水を掛け合いながら櫓を漕ぎ、悠々と鷹船へ向かって来ます。息を呑んで譜が見守る中、ようやく応射体制ができた甲板から雨のように矢が射かけられ、倭寇は次々と海中に射落とされました。しかし鷹船の各所からすでに火の手が上がり、舷側に迫る早や火船と化しつつある焼き討ち船をかわせそうにありません。

その時、鷹船から何人かの男が海中に飛び込み、抜き手をきって火船に向かいました。その進路を変え、自軍の船を助ける心算《つもり》でしょう。ところが譜が今まで見たこともない黒塗りの細身の舟が帆を畳み、滑るように火明かりに浮かび出ました。十人ほどの倭寇が櫂《かい》を漕ぎ、合い間に立ちはだかる男たちは泳ぐ兵士に矢を射かけたり、槍や鉾《ほこ》などの長柄の武器を揮《ふる》っています。彼らは明船の矢を物ともせず、焼き討ち船を守ろうと闘います。

その時、船上の砲台から火砲が数発発射されました。倭寇船は急いで進路を変えて闇に隠れ、その間に焼き討ち船は、泳ぐ兵士たちによって間一髪のところで進路を逸《そ》らされました。

ようやく我に返った譜が甲板を見渡すと、すでにすべての火は消されていましたが、船尾楼や帆柱のあちこちに焼け焦げの煙が立ち、燃えて切り落とされた帆の残骸が散乱し、死傷した多数の兵士の姿が見えました。しかし立つことのできる者は得物（武器）を手に舷側に立ち並び、海面への警戒を続けます。

焼き討ち船はすでに後落《こうらく》してかなり遠ざかり、炎が見えるだけで泳いでいった兵士たちはどうなったのか、船尾楼から火船の炎を見つめ、譜は目を離すことができません。明の兵士と倭寇たち、凄まじい形相で戦った男たちが一瞬にして亡骸《なきがら》と化すのを、その目は見続けていたのでした。

空が白んできました。海面に戦いの痕跡はすでに何一つなく、鷹船は縮帆《しゅくはん》して湾内へ向かいます。譜は渦龍黄を気づかいながらも甲板の後片づけや配食の手伝いに追われ、船室に降りる暇もありません。ふと劉暁の顔を見ないことに気がつき、これも顔なじみの張玄《ちょうげん》という兵士に尋ねました。

「知らなかったのか、昨夜火船を止めに行った一人さ」

名のとおり真っ黒に日焼けした壮年の男ですが、みるみるその両眼に涙が溢《あふ》れました。劉暁とは同郷の間柄だったのです。

「あんないい男を見殺しにしたなんて、俺は辛いんだ。故郷に戻った時、あいつの家族にどう言えばいいのか。立派に戦ったとでも言うのかね？　譜よ、俺に教えてくれ！」

譜に答える言葉はなく、項垂《うなだ》れるしかありません。しかしにわかに渦龍黄の安否が気づかわれ、譜はそのまま階段を駆け下りて船室へ行きました。

渦龍黄は瓢箪の中にいました。ほっとした譜が指を差し出しましたが、今日は虫にとってもその居所が悪いのか、見向きもしません。譜は瓢箪の下げ紐《ひも》の頭瘤《こぶ》を腰帯に通して自分の身体に固定し、そのまま甲板に駆け戻りました。

鷹船が水城に近づくと、船内にどよめきが起きました。見たところ水城には、火災の跡はおろか、どこにも戦闘の跡が窺《うかが》えないのです。艦長はじめ将校たちに動揺が広がりますが、譜には何のことかは理解できません。

城門近くの埠頭《ふとう》に艦が接舷した時、赤い甲冑《かっちゅう》の兵士の隊列が門から走り出てきました。下船した鷹船の艦長、副長はじめ、火砲隊長、神機箭隊長などの将校がその場で拘束され、連行されていきます。他の水兵たちも、譜を含め城内に閉じ込められてしまいました。

その日の夕方、水兵たちは釈放されました。譜は便乗者であることが確認されて僅かな口糧《こうりょう》が与えられ、どこへ行くのも勝手だと告げられました。やっと見つけた張玄は、譜に言います。

「昨夜は、まんまと倭寇に一杯食わされたんだ。城の横手で空家が数軒燃やされ、城兵たちが消す前に、火をつけた連中は逃げたそうだ。だが俺たちの艦長はその火を見誤って、沖側舷《げん》の警戒を怠ったと見なされたらしい。鷹船が受けた損害の責任を追及され、今夜城内で、軍法の仕置《しお》きを受けなきゃならん。俺たちは立ち会わされるが、おまえは早く城を出ろ。そんなもの、子どもが見るもんじゃないからな。ではお別れだ」

「仕置きって、どんな目にあうの？」

「さあな。ふつうだったら将校や、兵四、五人の首が飛ぶ……そんなことよりおまえは寺へ戻れ。和尚さまに謝って、とにかく寺に置いてもらえ。それが一番だと劉暁も言ってたぜ」

——劉暁さん、あの人が死んだのは倭寇のせいなのか。それとも、救助しなかった鷹船のせいか……。

暗い波を掻き分けて泳いでいった人々を思い起こしながら、少年は夕暮れの街に出ました。

港にはまだ賑わいが残り、譜は通りかかった人に、故郷ちかくの街、塩城への道筋を尋ね、大人の足で二日ほどの道のりだと教えられました。鷹船は思った以上に北上していたようです。少年の様子を見て相手は、海岸から離れて進めと忠告してくれました。北へ行くほど倭寇船が増え、時には人が拉致《らち》されるのだそうです。

「連れ去られてどうされるの？」

「さあね。倭寇の仲間にされるという人もいるね。なかには進んで倭寇船に乗る者だっているそうだがね」

その夜、譜は海岸で一艘の漁船を見つけ、その中で一夜を明かしました。海岸の夜は少年の記憶の通り、それほど冷え込みませんでした。そして次の日の朝、譜は蟋蟀壺に詰めた枯れ草の下から粒銀を一つ取り出し、乾肉を買い込みました。街を出ると、買い物ができないと思ったからです。

秋の陽差しはまだ強く、譜は昼前には疲れきってしまい、道筋の並木の陰に座り込みました。乾肉を噛み、蟋蟀壺の蓋をあけて渦龍黄にも食べさせようとします。

「さあ、先は遠いぞ、しっかり食べろ……おいどうしたんだ。まだ眠いのか？」

朝のうちに水に濡らしてやった青葉の上にもたれ掛かり、渦龍黄は動きません。心配した譜が手の甲にのせると、渦龍黄は全身を震わせ始めました。刃物を擦り合わせるような厭な響きは、すぐに高く澄んだ響きに変わります。

鳴き始めた蟋蟀は闘わず、雌を求めて生命をつなぎます。それを知る少年は、黙って虫を見つめました。

三、出立

鳴く渦龍黄を見つめる譜の心は、沈みました。

――もう草むらへ放そうか、ふつうの蟋蟀になったんだから。でも、僕が連れ回さなかったら、こいつだって三塔寺の畑で、家族と一緒に暮らしていたんだ。火に焼けてどうなったかわからないが、畑までは連れていこうか……。

迷いを抱えて歩くこと二日、昼になりようやく三塔寺の塔が遠くに見えました。僅か数か月離れていただけの風景が新鮮に見え、心が逸《はや》ります。しかし次の瞬間、譜の足は止まりました。

和尚さまにお礼を伝えたい一心でここまで来たものの、寺へ戻ってどうなるか、まるで見当がつかないのです。自分は譜なのか、恭なのか。短期間でも譜に戻ってしまったからには、再び恭と呼ばれることはないのではあるまいか。

——渦龍黃を畑に放して、すぐ漁師村へ行こうか……。

でもどちらも、にわかに最も行きたくないところのようにも思えます。屠所《としょ》に牽《ひ》かれる羊のように、譜が三塔寺の裏門に近づいた時、陽はすでに落ちていました。

畑に人の気配はなく、譜は辺りの様子を繰り返し窺いました。畑は手入れをされ、すでに冬の作物が植えられています。土は瑞々《みずみず》しく、火が燃え広がったことがあったとしてもその痕跡はなく、もちろん建物には、何の異常もありませんでした。その畑の隅に畝《うね》を作らぬ空き地があり、雑草の繁みが残されています。譜はそこで、瓢箪の蓋を開きました。

渦龍黃がゆっくりと壺の縁へ登り、そこに止まりました。籠や壺から出るといつも譜の衣服に飛び移ってきた虫が、鳴き始めてからその習慣を捨てたようでした。渦龍黃は何気ない様子で壺の縁にとどまり、次の瞬間、跳躍して草の繁みに入りました。

辺りはすでに暗く、一瞬にして譜は虫の姿を見失ってしまいました。

「渦龍黃、さよなら！　今度は人に生まれてくるんだよ」

別れがこうなるとはおよそわかっていたものの、あまりにも呆気なく、譜はさすがに気落ちしてしばらく動けません。

「や、恭さん。和尚のお見通し通り、やはり戻ったのですね」

低い声がかかり、身を竦《すく》ませて振り向くと建物の陰から人影が現れました。納所《なっしょ》で働く楊偀《ようえい》という人で、物静かな態度で寺の営繕《えいぜん》に従事しています。

「智勤和尚が喜ばれるでしょう。毎日、恭が戻ったか確かめよ、と言われるんですからね……でもここでじっとしていなさい。いいですか、今あなたは、とても危ない身の上ですからね」

彼は少年を物陰に導くと急いで僧坊へ往復し、無言のまま彼を智勤和尚の居間へ連れていってくれました。戸口で拝礼する弟子を、和尚はすぐに身近へ招きました。

「おお恭沙弥、おまえのことは誰にもわからず、倭寇の被害がこの辺りに拡がると、おまえが倭寇船の上にいるのを見たと言う者までいて、養い親も苦労したのだよ。わしはおまえが戒を受けたことを信じていたが、いったい、どうしていたのかね?」

相次いで恭と呼びかけられ、少年の心は潤《うる》みました。恭である少年は泣きじゃくりながら、寺を離れた後のことを師僧に話し、畑の放火も謝りました。

「畑に火を放った? そう言えば放火した者がいるという声を聞いた者がいたようだ

が、火はきちんと消されていたし、おまえが居なくなるわけが、余計にわからなくなったのだ……そうか！　その孫伯とやら、なかなかの智慧者だな。おまえはまんまと引っかけられ、もう帰れないと思いこまされたんだよ」

和尚の目は一瞬笑ったようですが、すぐ真顔に戻りました。

「孫伯らはおまえを誘拐し、その命を助けたと言うわけだ。今は倭寇の被害が増えてきておまえを倭寇の諜者《ちょうじゃ》と疑う者もおり、その者らの手に落ちると命が危ないのだ。だからおまえを海岸から離して西へ行かせようと思い、養い親の了解も得たのだよ。おまえさえよければ、明日の夜にでも開封《かいほう》（華北の中心都市）へ向かわせたいが、どうかね？」

師僧の言葉に涙が止まらず、恭沙弥は頷くばかりです。

「では楊さんと一緒に、真っ直ぐ西を目指しなさい。揚さんは受戒はまだしていないが、師父《しふ》と思って言う通りにするのだ。私は知り合いの開封の和尚に、手紙を書こう」

翌日、夜陰にまぎれて恭は楊俠に伴われ、三塔寺を離れました。共に僧衣に笠を被り、師弟の装いで歩きます。運河の畔《ほとり》に出て、流れに沿って夜に歩いて昼は休み、徐《じょ》州《しゅう》に着いてからようやく、楊はふつうの旅の足どりに戻しました。

「ここまで来ると、倭寇のことは、まず誰も気にしないよ。代わりに、反乱の動きは激しくなるけれどね」

「反乱って、孫伯さんたちのことなの?」

「恭さんを、おっと今は私の弟子ということだから、恭って呼ばないといけないね。恭を攫《さら》った連中はまだ小物だよ。西の方には、もっと大きな動きが始まっている。恭には関わりがないことだが、西へ行けば行くほど、倭寇なんか霞《かす》んでしまうから、今の私らにとっては都合がいいんだよ」

楊の身ごなしは只者ではなく、少しの隙もありません。しかも寺を出てからの行動は恭を驚かせることばかりでした。旅費を持ってるのかどうか、宿屋には一度も泊まりません。通りかかった村や町で日が暮れかかると、楊はそれとなく、一軒一軒の家の軒先に目をやります。何かを見分けてその戸口をくぐり、家人が出て対応すると楊は左手の甲を示し、小指と薬指を折ります。相手は掌を見せ、親指と人差し指を折って見せます。楊は再び甲で親指と人差し指のみを伸ばします。無言の左手だけで何ごとかと確かめ合い、何かが合致すると同志として無条件で一夜の助けが受けられるようでした。

開封も間近となった秋晴れの暖かいある日、川の土手に並んで座り、饅頭《まんとう》の昼飯を食べている時、恭は楊に尋ねました。

「ねえ、どこにでも楊さんを泊めてくれる家が見つかるなんて、僕にはとても不思議だけど」

楊は恭の頭を撫《な》でながら笑い、この国には一銭も持たなくてもどこへでも行ける助け合いの組織が、他にもいくつかあるはずだと次のような事を教えてくれました。

中国の歴史は、人々が古い王朝を倒し、新しい王朝を立てる革命（天命を革《あらた》める）を繰り返してきました。どの王朝もいつか衰えますが、するとその王朝に抑圧されてきた人たちが秘密組織を作り、血酒などの秘儀を行って加入者しか知らない徴《しるし》や言葉で仲間の結束を固め助け合い、新しい時代の到来を早めようとするのです。

そのために昔から多くの秘密組織が作られ、それらは会党《かいとう》と呼ばれました。仏教が伝わって未来仏の弥勒《みろく》信仰が広まると、弥勒仏の降臨《こうりん》を願う白蓮教《びゃくれんきょう》など、教門《きょうもん》と呼ばれる宗教結社もできるようになりました。元王朝を倒し明王朝を立てた朱元璋も、白蓮教系の紅巾《こうきん》の乱から身を起こした教門出身の一人だったと、楊は語りました。

楊俠自身も「天」「地」「人」の三合を願って活動するある教門に属しましたが、内部対立で死者が出、自身に危険も及んだので組織を離れ、智勤和尚に助けられました。しかし寺を離れる決心をした矢先に恭が行方不明となり、楊倎は和尚の恩に報いるため、恭を探しその身を護ろうと申し出ました。その時に、恭を教門に関わらせることは一切しないと約束したのです。

「開封の寺で落ち着いて修行ができるようになるまで、私を信じて師匠のつもりでついて来るんだよ。わかったね？」

「でも僕のことがなければ、揚さんは寺に居られたのに……」

そうじゃないと楊倎は言いました。意見の対立から仲間の一人が死亡し、その身内が楊を仇《あだ》と狙い始めたので、教主の指示で楊は教門を離れました。個人的な諍《いさか》いではなく、死者が出たのも彼だけの責任ではないので、誤解が解ければ呼び戻されるはずでした。しかしどんな事情があったのか、教主が楊倎を討つことを認め、教門が動き始めたというのです。

「楊さんの言い分も聞かないで、そんなの納得できないよ」

「一旦決まると元に戻すのは難しい。それが三塔寺に影響してくると大変だから、私は急いで寺を出ると決めたんだよ」

「それなら、教門の人の助けを受ける旅は危ないよ！」

「大丈夫だ。出会った者に私は、教主のご意向に従うため西安《シーアン》に行くと伝えているからね。教門は監視するだろうが、逆に西安までは、しっかり護ってくれるのじゃないかな」

「でも、西安で危ないよ。何とかして姿をくらまさなきゃ」

「いや、それは一番まずい考えだ」

楊僕は笑いながら手を振りました。逃げれば追われる、死ぬまで続くと言います。教門の安全と結束を護るために、それは決して変更できない掟《おきて》なのでした。

「私は、自分の信仰が仏の教えに従い、明王朝の過ちを正して世を安らかにする道だと思っていた。しかし智勤和尚によって、それは間違いだと気づいたのだよ……」

楊僕が属したのは、明王朝に反発する白蓮教系の一派でした。弥勒仏に感応したという教主は「間もなく世界は劫火《ごうか》に焼かれ、堕落したこの世は滅びる。その時現れる明王《みょうおう》が、弥勒仏の降臨する世界を準備する」のだと説《と》いていました。

信者は、教主こそ明王だと信じるように導かれます。そして世を正すために教主にすべてを委ね、命を捧げて従います。西安の軍人だった楊僕は役人の腐敗を見過ごせず、家族のもとを離れて教門に加入し、武闘の指揮者として地方軍や他教団と戦ってきたのでした。しかし智勤和尚の教えを聞き、自分のやってきたことが仏道なのかと、初めて疑問を抱きました。

智勤和尚によると、白蓮教の始まりは千年前に廬山《ろざん》の高僧慧遠《えおん》が創始した、白蓮社という阿弥陀仏信仰の念仏集団です。後にこの世の救済を願い、弥勒信仰を取り入れる一派が成立し、さらに波斯《ぺるしゃ》（イラン）から伝わったマニ教という、世界を光と闇の対立と考える教えとも結びつきました。弥勒仏の光明が世界を覆う闇を打ち破ると称し、武力で世を変えようとする白蓮教となり、元王朝を倒す大きな原動力ともなったのでした。

しかし本来の仏道は法（真理）に基づき、真理を証す働きである生命を、何より大切にします。誰の命を左右することもせず、すべての生命の安らぎを実現するための教えです。自分の命を軽視することもあり得ず、まして殉教《じゅんきょう》だと我が命を捨て、護《ご》教《きょう》のためと言い他者と争うのも本末の転倒であり、頽廃《たいはい》にすぎません。尊重すべきは真理であり、その表れとしての生命であり、教義や教団ではないと智勤和尚は説いたのです。

話を納得したようでありながら、しかし、恭の胸の不安は膨らみ続けるようでした。

それを察した楊佚は、数日後、再び堤防で自分から語り始めました。

「間違った教えに関わったのは、私自身の業《ごう》のせいだ。教団から逃げてもその業が熟《じゅく》すどころか、累《るい》を他に及ぼす恐れがあったから、私は教主に会うことに決めたのだ。会う前に仇討ちされるか裏切り者として殺されても、少なくともそれは自分自身の業ではないし、教門に関わった業がそれで少しは熟すかもしれぬと思ったのだ。その覚悟ならそれがよいと、智勤和尚もおっしゃった。しかし、敢《あ》えて相手に悪業を積ませぬようにしろとも教えられたので、私はできるだけ道理を述べ、穏やかに教門を退くよう努めようと思っているよ」

「でも、それは危ないよ。やはり殺されるかも……」

「確かに危ないが、しかし死ぬために行くのじゃない。できるだけの努力をするし、相手に何の道理もないとわかれば、その時はひょっとすると、逃げ出すかもしれないね」

楊佚は快活に笑い、恭の気分も少し晴れました。少年の心は孫伯の気力の凄まじさに魅了されたように、今は楊の沈着さと力強さに、強く惹かれているのです。しかし劉暁との別れの衝撃が未だ強く、別離を何よりも恐れていました。

黒雲が陽光を遮り、辺りが薄暗く寒くなります。物思いに沈んだ二人に、草むらの虫の声が届きます。蟋蟀の声でした。ハッと腰を浮かせた恭の手を、楊が抑えました。

「渦龍黄が気がかりかね。だがもう捨てなきゃいけない」

機先を制せられた恭に、楊俠の口調は厳しいものでした。

「恭の話していた虫は、もう手許にはいなくても、心の中にいるらしいな。だがきっぱりと心から捨てるのだ。書経に玩物喪志《がんぶつそうし》（物を玩《もてあそ》び、志を喪《うしな》う）というが、小事に拘《こだわ》っている人間に、ろくなことができたためしはないよ」

その言葉は、恭への痛撃となりました。顔を伏せてしまった少年の肩を抱き、楊は口調を和らげます。

「渦龍黄は物でなく、おまえを支えた命だった。だが、それだからこそだ。捨てるのが修行始め、発心《ほっしん》だと和尚に教わっただろう。捨てられるものを捨てるのは、発心じゃない……捨て難いものを捨てて、ようやく一歩前へ行く。倭寇を捨て、渦龍黄を捨て……生死も家族も捨て、ただ仏の前へ行く」

楊俠の呟《つぶや》きは、次第に苦渋《くじゅう》と悲哀を増して虚空に消えます。恭は不安に身震いしながらその言葉を聞きました。

その夜の楊偀は、宿を見つけ損ないました。そのまま歩き続けて夜半に小さな丘を越え、二人は遠くに開封市街と、白蛇《はくだ》の如き大運河を見ました。

下り坂の叢林《そうりん》で楊偀が足を止め、恭を背後に庇いました。黒い人影がいくつか道を塞いでいます。

「道が違うのではないか」

人影のひとつの発した低い声が、闇に響きます。

「いや、開封へ立ち寄るのだ。この沙弥を、開宝寺《かいほうじ》智勝《ちしょう》和尚の許まで送り届けねばならんのだ」

「……よかろう、では開宝寺からは真直ぐ西へ行かれよ」

楊はしばらく佇《たたず》み、再び歩き始めた時にはもう何事もなかったような足どりです。

「やはり、僕たちを見張っているんだね」

「ああ、でも怖がることはない。腕の立つのはいなかったから」

再び夜道を急ぎました。しばらくして二人が振り向くと、南の空の銀漢《ぎんかん》が白い滝となって天を流れ下り、大運河へ合流するかのように見えました。

翌日の午《ひる》、二人は山を登って開宝寺三門の前に立ちました。間近に聳え立つ黒々と光る塔が、門を潜《くぐ》る者を圧倒します。八角十三層の瑠璃塼《るりせん》で覆われた大塔は、釉薬《ゆうやく》の色が鉄色に光って鉄塔と呼ばれますが、まさに鉄を鎧《よろ》った姿と見えました。

智勝和尚は智勤和尚と同門で、年齢もほとんど同じに見えます。庫裡の入り口に立って受け取った手紙に目を通し、恭沙弥に頷《うなず》くと、次いで楊俠に向かって言いました。

「智勤和尚からの伝言じゃ。西安からの帰途、開宝寺で受戒し、三塔寺に戻って修行を続けよとある。確かに伝えたぞ」

楊俠はその言葉を聞き、直ちに両膝と両肘を地につけて額《ぬか》づき、和尚を拝礼しました。やがて立ち上がり、一揖《ゆう》してそのまま背を向け、足早に寺を立ち去って行きました。その間、恭には身動きする暇《いとま》もありません。

智勝和尚の居間に呼ばれ、恭沙弥は、自分が開宝寺に送られた経緯を、尋ねられるままにすべて話しました。聞き終わった和尚は、恭に向かって静かな口調で言いました。

「おまえはここまで、仕合わせ者であったね。どこへ行っても、一所懸命《いっしょけんめい》に努める者たちに出会えたのだからな」

「……」

「おまえが出会った孫伯も劉暁も楊侯も、それに蟋蟀までもが、ひたむきに生きていたようだ。その傍《かたわら》に居ることができたのはおまえの仕合わせだが、彼らのその後は彼らに任せよ。いずれも容易には死なぬ者だ。それよりおまえこそ、どう生きるのか?」

「……?」

「呼吸をし、飯を食らい糞を垂れる、それだけでは畜生道《ちくしょうどう》とさほど変わらぬ。とは言えこの世の名利《みょうり》を求めて一生を費やすも、永劫《ようごう》の時を思えばさほどの大事ではない。智勤和尚に出会ったのもこの開宝寺へ来たのも、それはおまえが手に入れた巡り合わせだが、それを摑むか拒《こば》むかはおまえ次第なのだ」

僅か数か月の間に、おまえはさまざまな人の生き方を見た、次は自身の本性が何を求めるのか、それを確かめよ、と智勝和尚は言いました。それが仏道の基本だとも言います。

翌朝和尚は恭を連れ、中国一番の高塔といわれる大塔に上りました。

入口で火焔二重光背《かえんにじゅうこうはい》を負う阿弥陀仏を拝し、狭くて急な暗い階段を百六十八段上り、高さ五十五米《メートル》の十三層の頂上に至ると、そこに人一人が座す空間があり、薄い敷物が置かれています。どこからか仄《ほの》かな光が差し込み敷物の前の壁に仏像が見えてきました。黒い石に掘り出された阿弥陀如来が、奥の壁面いっぱいに嵌《は》め込まれています。仏に礼拝《らいはい》して一層下り、和尚は十二階へと恭を導きました。暗闇を手探りして壁の舟形の板枠を取り外すと、眩《まばゆ》い光の中に一直線の路が見え、開封市街へと下っていきます。和尚が板枠を嵌めると、塔内には元の暗闇が戻りました。

「ここは俗世間と仏の世界と、双方を併せ見ることのできる道場だ。彼方の開封の街には白蓮教が広まって、乱れた世を変えようと、心を決めた人々が多くいる。弥勒仏への信仰とマニ教を一つとし、力づくで闇を光に変えようとする人たちだ。彼らは自分を犠牲にして厭《いと》わず、殺生を避けることもないから、次の世は人を殺しやすい世となるだろう。楊俠のように悩む者もいるのだがね。恭沙弥よ、おまえの本性はどちらを選ぶだろうか。世を変えるために互いの命を懸けるのか、仏の戒を守って生きたいか。ここで深く自分の魂に尋ねなさい」

それ以後の恭は、朝の勤行《ごんぎょう》を終えると鉄塔に上り、夕べまで塔の頂上で過ごしました。初めのうち、よく十二層の明かり窓を開き、開封市街を眺めました。しかしそれに飽きると、最上階の阿弥陀仏の前にも座ります。仏を念ずる心がすぐに深まりはせぬものの、それで心が静まるのを知りました。

心の中を、さまざまな思い出が巡ります。漁村での幼い日々、三塔寺でのこと、そして孫伯と渦龍黄、鷹船での日々、楊併との旅……。

しかし若い修行僧たちとの交わりが始まると、記憶はにわかに色褪せ、恭は鉄塔から遠ざかりました。その間、智勝和尚は何も言いません。

月日が経過しても孫伯との再会はなく、楊併も戻っては来ませんでした。追憶《ついおく》の時は過ぎ、恭の少年期は急速に終わっていったのです。

一年が過ぎた晩秋のある日、恭は作務の最中に蟋蟀の亡骸《なきがら》を一つ見ました。渦龍黄を思いだし、すべては二度と戻ることのない遠い過去となったのを知りました。ただ心の裡《うち》にこんな言葉が甦《よみがえ》ります。

「生死を捨てて、仏の前へ行く」

どこで聞いたかと小首を傾《かし》げながら、若い修行僧智恭《ちきょう》は、自分もそのようにありたいと深く心に念じました。

おわり

死んで生きる物語

―熊野再生小栗判官異聞―

一、小栗助重、修羅道を行く

むかし常陸国真壁郡小栗庄《ひたちのくにまかべごおりおぐりのしょう》に、小栗助重《すけしげ》という侍がいました。若年にして、周囲の荒武者たちを深く心服させる力がありました。京育ちの雅《みやび》な所作《しょさ》と言葉遣いを残しつつ、目ざましい膂力《りょりょく》（腕力）と荒々しい武芸を併せ持ち、誇り高い関東の若者たちに、常ならぬ人という印象を強く刻みつけていたのです。

十年たらず前、彼が京からやってきた時は背丈だけ伸び過ぎて、まだひ弱な身体つきの少年に過ぎませんでした。寡黙《かもく》で独り身の領主小栗満重《みつしげ》は、手許に引き取った姉の息子であるこの少年について語ろうとはせず、小栗館《おぐりのたち》の周囲でさまざまな噂が飛び交うことになりました。嫡子《ちゃくし》のない満重の跡を継ぐのだろうなどと、そんな推測が多く語られ、やがて、満重の姉が嫁いだ二条大納言家の曹司《ぞうし》住みの身だったのが、身持ちが悪くて追放されたのだという話までが広まりました。

同年輩の少年たちは、はじめ助重を敬遠しました。穏やかな京言葉の響きも間延びして、主筋とは言えどこやら気に食わぬ奴だと、彼らは新参者に構おうとしませんでした。助重の母である満重の姉は、若い頃あまり評判のよくない奔放な娘であったと、年嵩《としかさ》の者たちも囁《ささや》きました。しかし助重は、この庄の少年たちの間に自分の居場所を定めようと心を決めたものらしく、一途《いちず》に努め始めたのです。彼は自分を置き去りにしていく連中の後を追い、ひたすら共に山野を駆けました。少年たちは苛立《いらだ》ち、遂には遠慮を捨て、異質を感じさせる助重にぶつかってきました。

彼らは皆、常陸の広大な平地を耕す家の者ですが、事ある時にはどの男も簡単な兜《かぶと》や袖《そで》、胴丸《どうまる》などの三物《みつもの》を身に鎧《よろ》い、領主の下知《げぢ》に従う者でもあります。そのため若者たちはふだんから、組み打ち蹴り合い殴り合い、果たして闘技の鍛錬か喧嘩なのか、当人たちもどちらだったか判然とせぬような日々を過ごします。そのうち自分の膂力の強さと長身の利に気づいた助重は、馬上での刀槍の扱いや騎射での群を抜く力量を、次第に皆に認めさせました。

助重の長身から繰り出す木太刀や木槍の激しさに、年長の者さえ次第に圧倒されるようになりました。牧場を自在に駆ける馬たちも、牽《ひ》き綱を握り締めた助重がなかなか振り落とせない相手だと知ると、彼の手綱と両膝の捌《さば》きに従うようになったのです。

数年が過ぎたある日のこと、眼光の鋭いひとりの男が、集落の外れを通りかかりました。小柄な体躯は引き締まり、一尺余りの短めの脇差を無造作に腰に差しています。牧場で馬を責め合う少年たちを目にし、そのままゆったりとした動作で近づいて立ち止まり、彼らの様子を見守ります。しかし見事な真鹿毛《まかげ》を駆るある少年がその男の傍を駆け抜けようとした時、二歩、三歩、馬に歩調を合わせた男は、一瞬の早業で騎乗の少年を引きずり落とし、そのまま馬に飛び乗って一気に駆け去っていきました。

「馬泥棒だ、捕まえろ！」

少年たちは一斉に後を追いました。しかしいずれも牧場の裸馬、鞍《くら》も鐙《あぶみ》もありません。馬場を出て耕地に入り、馬の動きが激しくなると少年たちは次々に落馬し、ただ一騎だけが、先を行く真鹿毛を追って行きました。

二騎の姿が視野から消え去り、少年たちは痛む肩や脇腹を押さえ、足を引きずりながら後を追います。一頭とはいえ馬を失ったままでは、誰ひとり自分の家に戻ることすら許されない時代です。

やがて彼方から、諾足《だくあし》（早歩き）で戻ってくる一騎が真鹿毛を牽き、その後に他の馬たちが従うのが見えてきました。

――助重だ……。

無言で見守る少年たちの前で馬から下りた小栗助重は、二頭の牽き綱をその場の年長の少年に渡しました。

「馬泥棒はどうした？」

「体当たりで落としたけど、相手は小さ刀を持っとった。だから捕まえ損《そこ》のうた」

組み打とうとした助重は次の瞬間に右腕を切られ、かろうじて逃れて礫《つぶて》を打ちました。礫は相手の顔面を打ち、男は片手で顔を覆いながら脇差を構えて退《しりぞ》きましたが、その構えにつけ込む隙が見出せなかったと助重は言いました。上衣の右袖、二の腕の辺りが切り裂かれ、血が滴《したた》っています。

驚いた少年たちは、物も言わずに助重の傷の手当てに集中しました。こうして孤独な少年は、初めて同年輩の若者たちに迎え入れられ、同時に一転して、皆の注目の中心に立つ立場を得たのでした。

その夜、小栗館の広敷《ひろしき》での食事がすみ、召使が片づけをするのを待って、小栗満重は助重を傍《そば》に呼び、傷を注意深く観察しました。

「それで、礫を当てたのはどの辺か？」

「恐らく、左目のあたりやと思います」

「よう打った。さもなくば己《おのれ》が切られたであろう。手負うた傷をみても、相手はかなりの手練《てだれ》ぞ……だが目を傷つけられたとなれば、そ奴《やつ》の恨みは深かろう。容易ならぬ仇《かたき》を持ったと、今後は心せねばなるまい。場合によっては、すぐにも報復があるやもしれぬ」

満重は家人たちに、今宵から警備に心せよと改めて命じ、あとは静かに書見《しょけん》の時を過ごします。自室に戻った助重は、恐れは感じませんでしたが、ふと京の邸《やしき》にいた頃を思い出しました。

冷淡だった父の大納言や、我が子に何の言葉も残さずに家から姿を消した母。異母の兄姉たちはもちろん召使にも疎《うと》まれ、子どもながら、自分の居場所がないことを弁《わきま》えて過ごしていた自分の姿が、なぜか今宵、鮮やかに甦《よみがえ》ります。

母の失踪後の数年、彼は邸から外へ出ることはありませんでしたが、広い邸内には樹木の深い繁みと大きな池があり、さまざまな生き物が彼の相手となりました。中でも少年の心を捉《とら》えたのは蟲《むし》たちです。蟷螂《かまきり》たちの、人にも歯向かう闘争心に驚嘆し、鍬形虫《くわがた》や兜虫《かぶと》の堅固さに憧《あこが》れました。しかし羨《うらや》んだのは、空を自在に飛ぶ蝶《ちょう》や蝉《せみ》の自由でした。そして蜘蛛《くも》を憎みました。

助重は邸内の至るところにいる蜘蛛に向かい、倦《う》むことなく礫を打ちました。しかしなかなか当たりません。下人《げにん》たちが毎朝竿で払っておいても、夕方にはいつも何十匹もの女郎蜘蛛が松や杉の梢から虚空に網を張り、その中央に陣取って獲物を待ち構えているのです。

ある日、二匹のかなり大きな雌に連続して礫を当てた助重に、近くにいた下人が声をかけました。

「上手《じょうず》にならはりましたな。でも礫もええがこっちが確かです。慣れるまで、難しゅう思われるやもしれませんが」

と言って、手に持っていた長さ三間(約五米《メートル》半)の細身の竹竿を助重に渡しました。

これを使いこなすと、かなりの数の蜘蛛を駆除できるというのです。

助重は蜘蛛打ちに励みました。しかし腕力が十分でないため竿先の軌跡《きせき》は一定せず、蜘蛛にはなかなか当たりません。じれて闇雲《やみくも》に振り回して網を破っても、肝心の蜘蛛はするすると逃れ去っていきます。

しかし蟲に当てた時の固い手応えが、少年の心を捉えました。彼は密かに下人たちに頼み、蜘蛛の巣払いを独占したのです。一年余りが過ぎた頃、助重は竿振りに慣れ、鋭く空《くう》を切る一振りが、必ず一匹の蜘蛛を殺すまでになりました。

急に背丈が伸びだしたある夏の日の夕方、庭に出て空を見上げていた助重の耳に、女たちの嬌声《きょうせい》が遠く聞こえました。庭で湯浴《ゆあ》みをしている気配です。以前は助重も共に湯をかけあったりした、異母の姉たちの夏におきまりの習わしですが、その様子を見たくなって、植え込みの陰伝いに近くへ寄りました。侍女たちに手伝わせ、大きな盥《たらい》で湯浴みする若い女たちの姿が少し向こうに見えます。

「馬鹿者め、覗き見するとは何事や！」

心を奪われた少年は、人の気配に気づきませんでした。彼は通りかかった異母兄のひとりに後ろ手をねじ上げられて引きずり出され、その場の女たちに口々に罵《のの》しられながら、ただ居竦《いすく》む羽目となったのでした。その時を思い出すと今も彼の全身の血は、羞恥《しゅうち》に沸《わ》き立ちます。しかもその折りの、姉のひとりの軽侮《けいぶ》の眼差しを忘れることができず、身の置き所のない孤独と絶望を、今に至るまで繰り返し味わうことになりました。

この出来事は、少年が邸を放逐される理由の一つとなり、しばらくして彼は、生母の実家であるという常陸国真壁の小栗館へ、京から遥々《はるばる》と送られて来たのでした。

——命を狙《ねら》われるのか知らんが、それでも今のほうが、京よりも辛抱できる……。

父の邸の最後の数か月、身体を巡る血ですら冷えきっていたことを思うと、助重は今も全身に痛みを感じるのです。

助重の礫を受けた男は遠くへ去っていったか、小栗庄に事もなく日が過ぎ、数年後、助重は元服《げんぷく》の式をあげました。小栗本家の馬場氏が、当時の霞ヶ浦《かすみがうら》の一帯にかなりの勢力を保っていましたが、その当主馬場大掾《だいじょう》が烏帽子親《えぼしおや》を勤めました。慣例に従って常陸介《ひたちのすけ》と名乗り、小栗助重との名は、正式にはこの日からの名乗りです。

烏帽子親が館《やかた》を後にし、親族すべてが引き揚げた夕べ、小栗満重は助重を自分の居間に呼びました。

「助重よ、ここまでよう小栗の地に馴染《なじ》んだ。同年輩の者が集まって結束も固いようだが、信頼できる者を見出すのは、実はこれからぞ。気が合う者を自分の傍に近づけるのは容易《たやす》いが、人の気持ちは変わりやすく、真の支えとなる者を見分けねば、恃《たの》んだ者に滅ぼされる。眼力《がんりき》こそが身を護るのだ」

言葉が相手に届くのを待つかのように一息入れ、満重は続けます。

「おまえはわしの姉の子であり、小栗家に血縁の濃い者であることは確かだが、外から館《やかた》に入ったことは、これも誰の目にも明らかだ。跡目《あとめ》を継ぐおまえはそれ故に、これから自分の力で小栗庄を、確実に我が物とせねばならぬ。人を増やし人を見分け、この庄を栄えさせよ。それは領地に生きる者たちに対して、領主たる者が果たす第一の責任だ。小栗は常陸平氏《ひたちへいし》の流れを汲む家で、伊勢神宮領であった小栗御厨《みくりや》の地を授かり、源頼朝公《みなもとのよりとも》、足利尊氏公《あしかがたかうじ》に仕えた縁もあり、由緒正しい家なのだ。この家の誇りは守らねばならぬ。それで言っておくが、おまえの母は三度ここへ戻ったが、その都度《つど》追い返した。邸を追われ、おまえとの間を裂かれたと言っておったが、それは自分の身持ちのせいで、おまえを捨てたのに変わりはない。領主たる者、一度大事を失った者に信をおいてはならぬ。おまえたち親子のことも、両親がおまえを捨て、おまえとの因縁を切ったのだ。烏帽子親のほかには、もうおまえが親と呼ぶ者はおらぬ。わしもおまえに家督《かとく》を譲った後は法体《ほったい》となって俗縁を離れ、遠くから世間を眺めて過ごすつもりだ。それからは、思いのままにするがよいぞ」

だが満重のその願いが実現するだけの、時間の余裕はありませんでした。にわかな戦雲が晩秋の北関東の空に広がり、小栗庄を呑み込んできたのです。

鎌倉幕府を倒した足利尊氏は、朝廷や公家を抑えるため京の室町に幕府を開き、武士勢力の中心地である関東を束ねるため、鎌倉に鎌倉府を置き、鎌倉公方《くぼう》と関東管領《かんれい》という役職を任命しました。鎌倉公方には足利の一族が、管領には上杉や細川などの有力武士が任命されましたが、時が過ぎると京の将軍と鎌倉公方が争ったり、鎌倉公方と管領が争うことが増えていきました。

小栗助重が、小栗庄を叔父満重から引き継ごうとしていた頃、鎌倉公方である足利持氏《もちうじ》と元の関東管領であった上杉氏憲《うじのり》(法名禅秀《ぜんしゅう》)が争う、上杉禅秀の乱が起きました。禅秀は持氏に反感を抱いている関東の有力な武士たちを結集し、京の足利満隆《みつたか》らとも結び、鎌倉府を占領するほどの勢いを示しました。馬場や小栗も鎌倉公方足利持氏の横暴を嫌い、上杉方につきました。

ところが鎌倉府が滅びそうだと知り、京の幕府は一転して持氏を支援し始めたのです。勢力を盛り返した鎌倉府の軍勢が、房総《ぼうそう》半島の千葉氏を討ち、一転して北関東へ攻め込んできました。千葉、佐竹などとともに上杉に合力した馬場大掾は、一族を糾合《きゅうごう》して持氏軍と対戦しました。

霞ヶ浦北部で激戦が行われ、馬場の先陣に加わった小栗助重は、一族の存亡を懸けて奮戦しました。総勢数百の小勢ですが、数日の間、助重は側近たちを指図して陣頭に立ち、その勇猛は鎌倉勢をひるませ、悪判官《あくほうがん》と恐れられました。しかしそこへ、思いも寄らぬ急報がもたらされました。鎌倉勢が軍の一部を割《さ》き、筑波山《つくばさん》沿いに北上させていて、小栗庄に及ぶかもしれぬと言うのです。馬場大掾は言いました。

「叔父とは言えそなたにとっては父に等しい満重殿を、見殺しにはさせぬ。佐竹軍が到着するまで、今はここの兵を僅かも割いてやれぬはまことに相済まぬが、そなたたち小栗勢だけでも、即刻小栗館へ馳《は》せ戻れ」

「これは、離間《りかん》の策《さく》の一つやもしれません。それに小栗館からの、帰って来いとの下知はありませぬ。今動けば、私が小栗の軍令に背《そむ》くことになります」

「何を吐《ぬ》かす、烏帽子親の言いつけぞ。しかも一族の長《おさ》で、軍《いくさ》の総大将はこの大掾。

その言葉に背くは謀反《むほん》ぞ」

大掾の言葉に、助重は急いで軍を返しました。筑波山の麓を、夜通し桜川沿いに真壁へ向けて駆け通し、払暁《ふつぎょう》、前方はるか小栗庄に黒煙が立ち上るのを見ました。不吉な予感はそのまま現実となり、辿《たど》り着いた小栗館はもちろん、庄内いたるところに火が掛けられ焼け落ちています。路上には小栗方の老兵や、女、子どもの死体が散乱し、辺りには動くものの姿は何も見えません。敵勢はとっくに通り過ぎていった後だったのです。

兵たちの間からすすり泣きが聞こえ、助重自身も脱力感に襲われました。しかし今や全軍が崩れ去る危機にあると気づき、彼は声を励まします。

「ここに布陣し、街道沿いに物見の兵を出せ。馬を飼い、飯を炊け！　陣を離れるな。まずは弔《とむら》い合戦ぞ、嘆《なげ》くのは後にしろ」

小栗館は無残な焼け跡に変わっていました。隅々まで火を掛けられ、柱一本として立つものはなく、玄関の間《ま》の付近は、多くの兵たちの死体があちこちに折り重なり、奥まった主座の位置に、首のない身体が焼け焦げていました。鎧を確かめると、確かに叔父満重のようです。

物見が戻ってきました。敵はさほど大軍ではないようですが、加波山《かばさん》を迂回《うかい》するように南下していったらしいのです。

「馬場の陣が挟撃《きょうげき》される、馬を牽け！　全力で敵を追うぞ」

しかし間をおかず、馬場総崩れの報が届きました。助重軍が離れた後で総攻めを受け、支えきれず、総代将の馬場大掾以下、一族が散り散りとなったというのです。天を仰ぐ助重に、凶報が追い打ちします。水戸街道に向かった物見の兵からのもので、味方であった佐竹軍が鎌倉に降《くだ》り、小栗や馬場の動きを封じるように押し出し、物見にも攻撃をかけてくると言います。

進退きわまったと見て取り、助重は郎党《ろうとう》たちに言いました。

「我が武運も尽きたようだ。ではこの首をそちたちに授《さず》けよう。それを土産に鎌倉に降れ。戦《いくさ》さえ終われば、皆田畑を耕すには大事な働き手、無駄に殺されることもあるまい」

助重は懐刀《ふところがたな》を抜きました。その手を押し止め、側近の者たちが口々に言います。

「一度の敗戦で死んでは、命がいくつあっても足りませぬ。小栗は何度も足利に負けておりますが、その度に所領《しょりょう》を回復したのです」

「殿に従う我らは、ほとんどが部屋住みの身です。どこまでもお伴し、足利、佐竹の奴ばらに意趣返《いしゅがえ》しもいたしましょうぞ」

「左様《さよう》、左様。代継《よつ》ぎの者は在所に留まり、田畑を養って所領回復を待つが良く、我らが殿をお護りいたせば、万事よろしかろう」

――叔父上の言葉は真実であった。この者たちを傍に置いたからこそ、わしにはまだ、生きる道があるのやも知れぬ。

助重は懐刀を鞘《さや》におさめました。

「皆の言葉に甘えることになるが、死に急がず小栗庄の復興を念じ、時を待つことにしよう。進むも苦、止まるも苦。だができる限り多数でここに踏み止まり、助け合って生きてくれ。生きる気持ちを失いがちだったわしを、生かせてくれたのはこの常陸の地だ。それを忘れず、必ず戻ってくると約束する」

かくして十人の側近が助重に従うことになり、他の者たちは別れを惜しみ、涙を流し再会を誓い合ったのでした。

鎧を脱いだ助重は、直垂《ひたたれ》姿に風折烏帽子《かざおりえぼし》、そして太刀《たち》を佩《は》きました。従う者は水干、褐衣《かちえ》の姿《すがた》となり、刀は腰からはずして菰《こも》巻きにして食料、着替えとともに馬の背に載せ、下人と見せる趣向《しゅこう》です。騎乗の主人と荷駄《にだ》一頭、総勢が長旅を行く心持ちとなり、一同ゆるゆると出で立ちました。

武蔵への紅葉の峠道で、道を固める十人ほどの警護の侍に止められました。誰何《すいか》され、助重は京ことばで返します。

「陸奥《みちのく》から京へ戻る途中やが、去年の下《くだ》りの道行と、えろう違うておどろきます。何事のありましたのかえ？」

相手が鎌倉公方の配下であることを確かめ、労《ねぎら》って行き過ぎると見せた助重は、槍を持って立つ侍に馬上から抜き打ちを掛けました。次の瞬間馬から飛び下り、槍を取り落とし、太刀を抜こうとした侍を切り倒します。それとなく荷駄の側に集まっていた郎党たちは菰巻きから太刀を抜き取り、警戒を解いていた相手を一気に襲いました。昨夜まで戦場を馳《は》せた太刀捌《さば》きは鋭く、みるみる鎌倉方を圧倒し、切り伏せていきます。最後に切られた者がなお半身を起こそうとした時、その背中を蹴り倒した助重は、男の首筋に足をかけ一息に踏み殺しました。

頸椎《けいつい》が音を立てて折れましたが、なおも頭を砕かんばかり踏みしだく助重の凄惨《せいさん》に、郎党たちは息を呑みます。助重は声を張り上げて言いました。

「首なき者を火に投じ、女子《おんなこ》どもを手にかけた奴らはまさしく鬼、鎌倉は鬼の棲家《すみか》ぞ。その者たちをわしは決して許さぬ。自ら修羅《しゅら》となり、鬼となっても討たずにはおかぬ。忘れるな、鎌倉方に情けは無用じゃ！　遺体といえど地獄の底まで蹴り落とせ。血の跡も何も残すな。土を均《なら》し落ち葉を撒《ま》け！」

後は黙々と峠を越え、鎌倉を目指します。成算なき報復と生き残りを、敢えて大敵の懐《ふところ》、本拠地に求めるのは、意表を衝《つ》こうとの軍略でした。だがその次は、果たしてどこへ何を目指すのか……。

覚悟を定めた十一人の男たちは、紅葉と木漏《こ》れ日の下、落ち着きはらった足どりを踏みしめて進みます。しかしその姿は、どこやら隠しきれぬ寂寥《せきりょう》の影を引いていました。

二、二つの巡り合い

太刀を振りかざし攻め下る多勢の敵を、不利な下手《しもて》で迎え撃つ助重方は僅か十一人。しかも戦機を見計らって発した雄叫《おたけ》びがなぜか喉《のど》に絡《から》み、一瞬出遅れて押し包まれました。太刀を揮《ふる》う腕は重く脚も動かず、為す術《すべ》なく敵勢に圧倒される惨憺《さんたん》たる敗勢に、助重は息つくこともできません……。

はっと目覚めて身を起こすと、谷間はまだ暁闇《ぎょうあん》の底でした。しかし東の稜線《りょうせん》と狭い空には光が滲《にじ》みだし、素早く身を起こした全員が、何事ならんと助重に目を向けます。

「目覚めた今のうちに湯を沸かし、少し温まりましょうぞ」

饗庭宗貞《あいばむねさだ》が、落ち着いた口調で助重に言います。最年長らしく重厚な人柄が皆の認めるところとなり、いつか皆の束《たば》ねの立場に立つ者です。その言葉に、緊張の糸が解けた男たちは早速に動き始め、火を起こして湯を沸かし、そこへ干餅や落雁《らくがん》を砕き入れ、乾野菜や味噌を加え、朝餉の準備を進めました。

小栗を出立してふた月近く、武蔵野の原生林を越えて相模《さがみ》に入り、今は鎌倉府の、まさに喉頸《のどくび》に当たるところ近くまで入りこみました。すでに何度も、鎌倉府御家人《ごけにん》相手に襲撃を繰り返し、三十人近くを斃《たお》しました。痕跡《こんせき》を残さぬように注意深く事を運び、身なりも奪った装束に変え、少しずつ、鎌倉御家人の家の子郎党らしき風をととのえました。馬二頭を牽くため、助重のみは相応の風体《ふうてい》にし、しかしそれも、さほど高い身分と見えぬ程度にしています。そしてこの数日、人里離れたこの谷間を拠点とし、鎌倉に足を伸ばしては、市中を探ってきたのでした。

「今日の昼、かねて検分した鶴岡八幡宮寺《つるがおかはちまんぐうじ》で首を奪《と》る」

食後の助重の言葉に、皆は黙って耳を傾けます。

「鶴岡は言わずと知れた源氏の廟堂《びょうどう》、足利持氏の面目《めんぼく》の場だ。我らに武運あれば、名の聞こえた男の一人にでも出会えるであろう。鎌倉公方の御家人は、誰一人として顔も知らず名も知らず。それは是非もないが、今日の昼時以後、本殿の辺りに人の影が減った頃、それらしき者に出会えば、わしが切る。大物一人の首を取り、すぐさま本殿の裏手へ回りこむ」

一息入れて皆を見まわし助重は続けました。

「さてその後の段取りは、かねて考えた通りだが、若い四人は最初から下宮《げぐう》門外の馬止め場に控え、馬八頭の目星をつけよ。六人はわしが本殿東側に回るのを追って走り、そこから下手人役の饗庭を追う三人は声を挙《あ》げ、人を引きつけて馬止めへ向かい、八人揃って馬を奪い、手早く山へ入れ。追跡を完全に絶ってからこの場所へ戻るのだ。河津《かわつ》と門馬《もんま》は首を持ってわしとともに本殿東で身を潜め、皆が馬止め場へ移動すると、大臣山《だいじんやま》の頂上に急ぎ、隠しておいた杭《くい》を立て首を据《す》えて落ちのびる」

「事を起こすのが何刻《なんどき》となるか予測がつかぬが、無理はせぬ。昼時過ぎて事を起こせねば寺を離れ、次の日を待つ。事が進んで、しかもここで皆が落ち合えぬ時は、次の場所は藤沢の遊行寺《ゆぎょうじ》にする。遊行寺で皆が揃うまで、各々《おのおの》で時をかせぐのだ。以上が取り決めた段取りだが、もし異存があれば申せ」

場数を踏んだ面々、淡々とした面持ちで皆が頷《うなず》き、最後まで助重とともに動く河津時明《ときあきら》と門馬景宣《かげのぶ》は、助重の傍に控えます。二人は饗庭につぐ年齢、指折りの剛強の者です。

少し離れて饗庭と三人が集まり、最も若い四人も一団となって何事か相談をしています。河津時明が言いました。

「饗庭殿は自分が遺体を引きずり、三人がそれを追う体で外宮へ向かえば、ほとんどの人を引きつけることができようと申されます。妙案ですが動きが重くなり、苦戦すると思います。六人、二人に分けるならその策に利有りと思いますが」

門馬が頷く様子を見て、助重は言います。

「若い二人で馬八頭の確保は、難しいのではないか……いや遺体で騒ぎが大きくなれば馬を守る者の気も逸《そ》れるやもしれぬ。よし、饗庭に六人と二人に分け直せ、と申せ」

最終の軍議を終えて馬を木立に隠し、十一人は谷を出ました。山間を辿り、二里余り離れた鶴岡へ向かいます。二、三人ずつに分かれてゆったりと行き、昼前に寺の門前で全員が会合し、参詣人が減る昼食時を狙って、鎌倉府の肺腑《はいふ》を抉《えぐ》る一撃を、中枢の地で加えようというのです。

冬空は冷たく、旧の正月が近づいていました。しかし赤城颪《あかぎおろし》に骨身を削られて育った面々には、海に近い相模は暖かく感じられます。鶴岡八幡宮寺の門前に全員が揃ったのは四つ（午前十時）を少し過ぎた頃となっていました。

太陽が中天に達し、八幡宮寺の前庭に人影がまばらとなったその時、従者二人を従えた侍が本殿の脇戸から外に出てきました。侍は脇差《わきざし》だけを身に帯び、総丈五尺に近い厳物《いかもの》造り銀《しろがね》包《つつ》み、兵庫《ひょうご》鎖の見事な太刀を、従者の一人に持たせています。年頃は四十前後の壮者で、身なりは鎌倉府高位の人物と察せられ、しかも見るからに鍛えこまれた長身の体躯と面構《つら》えは、相当な豪の者に違いないと思わせます。

助重は腰を屈めて走り、侍の進む通路の、はるか手前で止まりました。両拳を地に突いて低頭し、用ある如き待受けの姿勢をとります。侍は足を止め、微動もせぬ助重に視線を据え、悠然と歩みを進めてきました。

進む影が視野の端に入る位置を予測し、待ち受けた助重は、その影だけを一瞥《いちべつ》して跳躍し、空中での抜き打ちで、一息に相手を切り下げました。河津と門馬が走り寄り、従者二人をそれぞれ一太刀で斬り伏せます。

河津と門馬が事切れた侍の首を取り、手早く死んだ従者の小袖に包みます。饗庭宗貞が死体を引きずり、それを追う五人が喚きながら走り始めるのを横目に、助重ら三人は首の包みを隠し持ち、本殿の右手から裏へ逃れました。

大臣山の斜面を遮二無二《しゃにむに》走る三人に、本宮本殿前の喧騒《けんそう》がかすかに聞こえますが、後を追ってくる人影はないようです。足をとめる間もなく頂上へ駆け上がり、茂みに隠しておいた大杭《くい》を引き出し、鎌倉の街並みを見下ろす位置にあらかじめ掘って覆っておいた縦穴に、手早く立てました。その尖った先に、首を刺し止めます。

「小栗の小冠者《こかじゃ》よ。やりたかったのはそんなことか？」

落ち着いた声がかかり、さすがに驚いた三人がふり返ると、小柄な中年の侍が一人、竹の笞《むち》一本を手に立っています。しかしその背後の樹蔭には、潜む者たちの気配がありました。

「わしを小栗と知るその方は乱波《らっぱ》（忍者）か？　名を名乗れ」

「ハハハ……問われて名を答える忍びもおるまい。だが末期《まつご》も近い汝《うぬ》らゆえ、最後の餞《はなむけ》に教えてやろう。わしの姿に何の見覚えもないのか？」

「……。む、いつぞやの馬泥棒！」

「小栗助重、いささか武名は揚げたが気配《くば》りはまだまだか。確かにかねて常陸を探索した折り、不覚にも小童《こわっぱ》の礫を受けたはわしじゃ。お互い迂闊《うかつ》なところのあるは似ておるとは言え、眼は逸れたが面体《めんてい》を傷つけた汝を、そのままにはできぬ。小栗館でいささか酬《むく》いたが、それにも、何も気づかなんだのか？　だがそれ以後の悪戯《いたずら》も目に余る。それゆえ汝ら三人はここで討ち、他の者も、昨夜の溜まりに網を張り、一網打尽とする手筈じゃ。ではまず三人冥府《めいふ》の王に先に逢え！」

男が笞を一閃《いっせん》させ、茂みから矢と礫が飛びました。助重らに面を伏せさせ、同時に数人の忍びが襲いかかります。助重と左右を固める河津と門馬、三人が抜き合わせて闘いますが、連携して動く相手の異様に敏捷な身ごなしは、侍相手の切り合いや戦場での合戦と異なり、三人を戸惑わせました。だが次第に動きに目が慣れるとともに、相手に刃が届き、手傷を与え始めます。しかし自分たちも、無傷では済みません。少しずつ敵の刃を受け、身体から血が流れ出すのがわかります。

「行くぞ」と助重はふたりに声をかけ、敵の隙をついては山を下り始めます。太刀を揮《ふる》って走り、また闘っては走り下り、どれほどの間を闘ったか、三人の呼吸は乱れ始め、収まり難くなりました。侍どうしの闘いと異なり、意を決し決定的に踏み込むということがなく、絶え間ない消耗を強いる闘いに引きずりこまれ、切り抜ける望みが次第に小さくなる心地《ここち》です。

しかし木立が途切れると、襲撃は急に間遠くなりました。

「急がねばなりません。八人が待ち伏せの罠《わな》に落ちます」

門馬が言い、河津も声を揃《そろ》えます。しかしあたりに目を配りながら、助重は言いました。

「ここまで何度か切り離されたが、一人になっても押し包んでこなかった。それが忍びの闘いなのか、人数が足りぬからなのかはしれぬが、一人減らす好機をなぜ見逃すのか？」

「……？」

「三人討ち取ると吐《ぬ》かしたが、十一人を相手にいかにも小勢。先手を取り、すべてを見通す如き口ぶりだったが、それならなぜ易々《やすやす》と最初の大首《おおくび》を取らせたか……先に見破られたは確かだが、今日、奴らと出会うたは偶然だとわしは思う」

「……すると我らが、道案内に仕立てられていると？」

そう思って動くほうがよかろうと助重は言い、今日の集結場所は捨て、数日かけて、背後を確かめながら遊行寺へ行けと命じます。今も跡を尾《つ》けられているのは確かだと、残りの八人と反対の方へ向かい、海沿いの人家に紛れて三人は別れました。

谷間に網を張ると言った忍びの頭目の言葉は、案の定、それ自体が罠だったようです。深夜、尾行を振り切ったと確信した助重は、昨夜の谷間に近づき、部下たちが次々と立ち寄り、去るのを、立木の間から密かに見届けたのでした。

しかし遊行寺への集結は、思ったより日数がかかりました。八幡宮寺馬止め場の激闘で若い二人がかなりの傷を負っていたからです。とはいえ小栗党の報復は、何はともあれ鎌倉府に一矢《いっし》を報い、しかも全員が虎口を脱したのでした。

「殿、隠れ忍んで二人の傷を養うには、鎌倉近辺では山が些《いささ》か浅すぎます。も少し北へ向かいましょうぞ」

「確かに金瘡《きんそう》（刀傷）の者は人目につきやすい。今は、鎌倉から離れる潮時かもしれぬ……よし、相模川を遡り、思い切って深い山に入り、今後の方策を練るとしようぞ」

数日をかけて夜に動き、相模台地を越えると、相模川は次第に峨々《がが》たる山地の襞《ひだ》に入ります。谷にはかなり人家があり、斜面にすがるように家が造られ人が住み、道は細いがよく踏まれていました。川沿いにさらに遡ると上野原《うえのはら》、さらに大月《おおつき》へと辿ることができます。

——あの乱波、常陸にも立ち回っていたのだとすると、鎌倉府に飼われる忍びか……。ひょっとして風間《ふうま》乱波と呼ばれる一党なら、この相州《そうしゅう》あたり、その本拠かもしれぬ。

助重は、大臣山で出会った忍びの動きを読もうと、考え続けていました。風間は後には「風魔」ともされ、戦国時代には小田原の後北条に与《くみ》して武田勢と争うことになる、実に容易ならぬ集団です。

人目を避けるため、助重は総員を二、三人ずつに分け、互いの連絡を絶やさぬようにして動きます。しかし間もなくそれも行き詰まりました。怪我人《けがにん》の具合が、よくならないのです。正月を過ぎて募る寒気に、体力を奪われていくようです。

「冬に谷にいては、この怪我の手当は無理です。横山館《よこやまのたち》を訪ねなされ。相州の分家は、誰をも歓待なされます」

杣人《そまびと》（きこり）にそう教えられ、助重は谷を引き返して横山大膳《だいぜん》の屋敷を訪ねることにしました。横山党とは関東では知らぬ者のない、武蔵七党中の最大の党です。武蔵多摩に本拠を置く本家の横山は、平安朝貴族の小野篁《おののたかむら》の子孫と称し、平安末期から武蔵、相模両国にまたがる郡代《ぐんだい》を勤める家柄でした。小栗と比べると、数段格上の名家です。鎌倉公方も一目置くほどの家柄を知る助重は、名門の人々の誇りにかけて部下の生命を救い、自分たちの運命を切り開こうと決めたのでした。

相模原の奥にある分家横山の館《やかた》は、分家とはいえ堂々たる構えでした。晴れれば相模湾も見えるという高い丘陵に居を占め、家の子郎党から召し使う小者や婢《はしため》の長屋などを土塀で囲い、物見櫓《やぐら》を立ち上げ、少々の戦《いくさ》にも耐えられる構えです。門を通ると母屋の前には広々と馬場が造られ、数多くの馬がつながれていました。

助重の一行が玄関で案内を乞うと、取り次ぎの後、執事らしき侍が出てきました。助重は率直に、上杉禅秀に加担《かたん》して居館を失った者と告げ、手負いの者だけ助けられよと頼みました。まばたき一つせず聞き取った侍は、しばし待たれよと引き下がり、やがて一同を別棟の客間に案内しました。

足を濯《すす》ぎ、三十畳ほどもある座敷に入るとやがて食事が供され、数人の婢《はしため》が出て酒をすすめ給仕をします。さすが小栗の面々も酒を嗜《たしな》む気分には程遠く、助重は押し戴いた杯を干してすぐに伏せ、皆もそれに倣《なら》います。干魚と煮物などの質素だが十分な膳が下げられてしばし、執事が再び現れて一行を母屋に導き、館の主《あるじ》の前に案内しました。

横山大膳は四十がらみ、鍛えた身体に重厚さを滲ませた人でした。名を問われた助重は即座に常陸の小栗助重と名乗り、負け戦のいきさつを話し、手負いの二人にのみ、情けを乞うと頼みました。頷いた大膳は、何の遠慮も要らぬと言います。

『日本《ひのもと》の国に忍辱《にんにく》の父母ありと申すにより、汝《なんじ》が命を許す』と、阿修羅でさえそう言ったではないかと、大膳は『宇津保物語《うつほものがたり》』の文を引き、関東武士すべてと縁《えにし》あることの館は、敵味方を問わず、郷党《きょうとう》のため戦った者に救いの手を伸ばすと請《う》け合ったのでした。

『宇津保物語』は、『竹取物語《たけとり》』に次いで我が国指折りの古い物語です。

その昔、遣唐使清原俊蔭《きよはらとしかげ》の船が難破し、波斯国《ぺるしゃこく》（イラン）に漂着して阿修羅の子に落ちました。俊蔭が物語る父母の情に感動した阿修羅は一行を助け、俊蔭は琴の秘伝を天人に授かって二十三年後に帰国します。そのあと琴の秘技をめぐる物語が二十巻にわたって展開し、『源氏物語』にも影響を与え、清少納言も愛読したといわれる、我が国最古の長編物語です。

行くに当てなき助重たちは大膳の言葉に感涙し、その申し出を受けることになりました。傷を癒やす薬をもらって二人を看護し、その間、手の空いた者は、馬たちの世話や若馬の馴《な》らしを引き受けます。同じ坂東といえ、常陸の馬飼いはさすが目ざましき達者かなと、屋敷の者たちを驚かせました。

初夏のある夕べ、門の辺りで大勢が立ち騒ぎ、馬が激しく嘶《いなな》き、何やら慌ただしい動きがいつまでも続きました。すわこそと、小栗主従も声さえかかればすぐ馳《は》せつけようと身構えましたが、深夜にはどうやら収まったようでした。翌朝、助重たちが庭におりると、大勢の屋敷の男たちがもう厩《うまや》の前に集まって、中の馬の様子を見ています。助重らが近づくのを待ち構え、主の横山大膳が言いました。

「助重どの、夜通し手こずらせたはこの馬じゃ。鬼鹿毛《おにかげ》と呼ぶのだが、昨夜来たばかりで人を噛むわ踏むわ、三人ほど手酷く傷つけおった。鼻面を押さえ込むのも大変で、乗りこなすのはなかなかに厄介ぞ。屋敷の者は尻込みしよるが、小栗党の方々、どなたか手懐《てなず》けてくださるかな？」

助重が目をやると、馬は荒々しい光を湛《たた》えた目で、見返してきます。厩の中で一夜を過ごしたはずなのに、鞍や鐙、手綱など馬具一切とともに、牽き綱まで引きずったままです。

――む、何一つ外《はず》させなかったのか。かなりの悍馬《かんば》……。

「小田原から来たが、乗れる者がおらず、檻車《かんしゃ》を作って運んできた。先方が言うには、手に入れた時、総がかりで馬具は締めたが、それからは、一度も外させぬそうじゃ」

大膳は目を輝かせて語ります。黙って聞き終えた助重は、潜《くぐ》りを開き、厩に入りました。次の瞬間身を屈め、鋭く馬の顎下《がっか》に躍《おど》り込み右手《めて》で轡革《くつわかわ》、左手《ゆんで》で頬革《ほほかわ》を捉えます。渾身の力で引き下げると、不意を打たれた馬は頭を傾け、苦しげな息を吐きます。助重は左手を牽き綱に持ち替えて戸を開けるよう人々に合図し、血走った馬の目を真正面から睨みつけ満身の力を込め、鬼鹿毛を厩の外へ牽き出しました。

手綱と牽き綱を束ね、鞍に手を添えて一息に馬の背に躍り上がります。馬が後足を蹴り上げるのを鐙を踏みしめて堪《た》え、次いで前足を掻き上げるのを予測して馬の頸に抱きつきながら、牽き綱を馬の頸に巻きつけました。手綱と牽き綱の輪を絞り、頸も折れよと力任せに捻《ねじ》り上げると、馬は前後に身をくねらせ上下に跳ね上がり蹴り立て、双方息もつけぬ激闘《げきとう》しばし、気管を締め上げられた馬は、遂に力が尽きました。

馬体があわや崩れる寸前、両平手で馬の頸を叩いて気を取り直させ、助重はそのまま速駆けで、馬場を一周します。

横山党、小栗党一体となってのどよめきの中、横山大膳に手綱を返した助重に、再度称賛の声が浴びせられました。次いで大膳が騎乗し、同じく馬場を一巡します。どうやら鬼鹿毛は、横山の厩に帰服せざるを得ぬことを認めたようです。

その夜は館を挙げて、小栗党への歓待が行われました。侍たちが総出で十一人を接待し、今までは顔を見せなかった横山家の女たちも連なります。宴が進み大膳は、妻と二人の娘などを助重たちに引き合わせました。姉の綾野《あやの》は跡取りで婿《むこ》取りを年末に控えているといい、続いて妹と見える娘を引き合わせます。

「小栗どの、照手《てるて》と申す。遠縁の者じゃが、家族すべてを失った不憫《ふびん》の者ゆえ、引き取って我が子としております。男手で育てられたが気遣い細《こま》やかで健気《けなげ》な、まことに良き娘じゃ。早や婢《はしため》たちの束ねもする故、客間でお目にかかるやもしれぬ。お気づきのことあれば、何なりと教えてやってくだされよ」

助重は頷きます。家族すべてを失った不憫の者、そう言った大膳の言葉が、胸に沁みて残りました。

小栗武者の修羅の心が、温かい歓待に潤いました。横山の侍が舞い、小栗の侍が手を打って興じ、若い侍たちは、立ち上がって舞いに加わります。肩を組んで歌声と笑い声を響かせ、賑やかに和楽の一刻が過ぎるうちに座も乱れ始め、庭には月が昇り明るくなりました。大納言屋敷を思い出し、助重は庭に降りて、久しぶりに月を仰ぎました。

どれほどの時が過ぎたのか、

「酔い醒《さ》ましの水、一口《ひとくち》召されませぬか」

水を湛《たた》えた杓《しゃく》の柄が、助重に向けられました。小腰を屈めた照手が、含羞《はにか》みながら助重を見上げています。杓を受けて水を飲み、助重はふと、母がいて姉たちとも和《なご》やかだった頃の大納言屋敷に戻ったような気持ちになりました。人懐かしく柔らかな心地のままに、彼は照手に話しかけました。

「照手姫よ。横山館に来られたのは、いつの頃か？」

「姫と呼ぶのはお止め下さい。館《やかた》の姫さまに申し訳なきことです。館に来たのは小栗さまより、少し前でございます」

「家族すべてを失うとは、いかなる大事に巡り合われたか？」

「母は私を産んで死に、父と兄が人手に掛かりました」

三、修羅道から地獄へ

照手の父と兄は昨年暮れに落人《おちうど》探索に赴《おもむ》き、正月過ぎの頃、鎌倉からかなり北方の王禅寺《おうぜんじ》付近の森で、何者かに討たれたそうです。相模守護《しゅご》三浦家に仕えた父は、武士は討ち討たるる者と達観していたが、兄は書を読み歌を学んで生きたいと、いつも口にするような性格だったと、照手は語りました。

「遺体があまりにも無残だったので、その場で荼毘《だび》に付したとか、私の手許には、骨袋二つのみが届きました。どんな姿であれ、一目は会いたかったのに……」

同意を求めるような照手の口調に、助重は気圧されました。しかし照手は答えを待つでもなく、再び微笑みを取り戻し、助重を見上げます。助重はゆとりを取り戻せぬまま、ぎごちない口調で言いました。

「私も実は、鎌倉府と戦ってきた身の上じゃ」

「存じております。でも、常陸でのことでございましょう?」

照手の父と兄は、相模原のはるか南で最期を遂げたのだから、助重と関わりはないと照手は言います。東の高野《こうや》と称される王禅寺の深い森で、十四の遺体が見つかった時には、山犬の群れにひきずられたか、酷く食い荒らされていたものの、刀創も多く残っていたようで、戦って斬り死にしたのは確かだと照手は言いました。

助重に王禅寺という寺名は記憶が無く、多勢相手の仕掛けはしなかったはずでした。しかしほとんどは相手の不意を打ち、名乗り合う闘いではなかったので、照手の父や兄と、絶対に闘わなかったとは言い切れぬしこりが、胸の中に膨《ふく》らみます。

――勝算なき時は手を出さず、戦った跡も人目につかぬようにした。遺体を谷に棄てもしたが、相州では格別に注意深く処置をした。だが山犬が銜《くわ》えると、どうなることか……。

常陸から甲斐へ、ひたすら山地を辿って進んできたと、横山大膳に偽《いつ》わった助重でした。一行の安全を図るための方便《ほうべん》ですが、鎌倉を避けるのは当然だと、大膳も照手もそれを信じているようです。しかしその説明が、王禅寺での行動を隠蔽《いんぺい》したものと受け止められても仕方のない事態となり、助重の心の重荷となりました。

照手に鎌倉へ行った事実を今更語りようもなく、また語ってみても、王禅寺の出来事と自分たちとの関わりの有無を、詳《つまび》らかにできるとも思えません。酒の酔いが急に胸を押し上げてきて、助重はいたたまれず、案じる照手を振り切って、居室に這《は》い戻る羽目となりました。

その後しばらく、助重は照手の顔を避けました。照手も母屋で忙しくしているらしく、客殿に姿を見せることはありません。

夏の盛りのある日、午睡の後の大膳が、助重を囲碁に誘いました。以前に助重が、大納言家で覚えた囲碁のことを話したからです。坪庭《つぼにわ》に面した涼しい裏座敷に、造りは質朴ながら、見事に磨き込まれた榧《かや》の碁盤が置かれています。

「綾野と照手が碁を見たい、助重殿と打って見せろとせがむのじゃ。死んだ照手の兄が好んだといい、どちらが言い出したかはしれぬがふたりが互いに後押しし、忙しいと言うと、せっかくの頼みをなぜ聞いてくれぬかと、わしばかりきつう睨まれてのう。その上、酒は勧めるなと厳しいお達しじゃ」

大膳が大きく笑い、隣接する控えの間から忍び笑いが漏れ、やがて綾野と照手が湯と菓子を捧げてきました。助重に、親しみを込めて微笑みかけます。

白石を持った大膳は、逞《たくま》しい打ち手でした。重厚な模様を築いて打ち込みを誘い、打ち込んでくる黒石を追及します。とはいえ攻め急ぎもせず、冷静に手を戻して自陣に備えます。

助重は応手奔命《おうしゅほんめい》に疲れ、次第に物を言う暇がなくなります。一方の大膳は娘たちを相手に、置かれた石の狙いを説き、全局に目を配って教え、聞き手を飽かさず楽しませています。

その時、助重の置いた石に間髪をいれずに応じた大膳の一手で、白石に僅かな隙ができました。咎《とが》め方を読むために居住まいを正す助重と、それで初めて危機に気づいた大膳、一気に緊張が高まり、娘たちも沈黙して見守ります。そこへ執事の侍がやって来ました。

「殿、鎌倉府から政所《まんどころ》の使いが、到着されました」

「何、こんな昼過ぎに？　座敷に通して待たせよ」

もう自分の手番であるかのように、黙々と沈思する大膳。助重は視線をあげ、周囲の様子を窺いましたが、綾野が首を横に振り、目顔で気遣い無用と知らせます。どうやら鎌倉府の使いといえども、待たされて不思議はないようです。

端座《たんざ》する助重の前で熟考したあと、大膳は緊張を解き、まだ助重が打たぬ黒石を碁笥《ごけ》から取り、自ら急所に置いて言いました。

「ここを見逃してくれるはずもなし、凌《しの》ぎがなければ白がいかぬナ。この勝負は黒の手柄《てがら》、だが次はそうはさせまいぞ。さて助重どの。鎌倉とは、顔を合わされぬほうがよかろう。庭伝いに部屋へ戻られよ」

裏庭の木立を縫《ぬ》って、綾野と照手が助重たちの居間まで案内します。歩みを進めながら綾野が言いました。

「照手の兄は背丈や身ごなしも、まるで小栗さまに生き写しのようでした。宴《うたげ》の夜に初めてお会いし、そうと気がついた私がそのことを申しましたら、照手はひどく泣きました。先に気づいていた照手は、それ故かえって小栗さまのお傍へ、近づけなかったようでした。涙を拭《ぬぐ》わせ眉《まゆ》をひき直し、お水を持たせるまでには、皆でそれはそれは、手間がかかったのでございます」

綾野の言葉の途中で立ち止まった照手は、袂《たもと》の先で綾野を打ち、顔を覆い背を向けて駆け去って行きます。

「同年ですでに子を成した者もおりますのに、あのようにいじらしい者でございます。小栗さま、照手の身の上を憐れとお思い下されば、どうか何かと、お言葉をかけてやって下さいませ」

綾野はていねいに頭を下げ、母屋へ帰っていきました。

次の日から助重たちの居間に、照手が訪れるようになりました。婢《はしため》に指図をし、自らも立ち働いて部屋を清め、衣類の手入れなどを進めます。助重はただ黙礼を返すばかりです。そうして数日後、再び大膳が囲碁の席へ助重を招きました。

接待に出た娘たちは、すぐに下がりました。黙々と一局を打ち終えて、助重は先日の鎌倉の使いについてを尋ねました。通例の木材取引のことだけで、何の心配もないと大膳は応じ、にわかに助重に、妻があるかどうかと尋ねました。助重が否定すると、大膳は居住まいを正し、次のように言いました。

「唐突だが、照手を娶《めと》ってやってもらえないか。見るところ照手には、領主の家の奥を束ねる才覚《さいかく》あり。小栗領回復まで、上野原の横山領に寓居《ぐうきょ》を設け、小栗党が活計《かっけい》を立てられるように、横山が後押しさせてもらいたい。これは小栗助重殿の力量を惜しみ、照手の仕合わせを願う為であり、他意はない」と。

大膳は面《おもて》に誠意を表して、そう言いました。大膳によると肉親を失った照手は、生気を全く失くしていたそうです。相模原に引き取った後、元気を取り戻せるかどうか案じるほどであったが、それが小栗党をもてなした宴の一夜以来、目に見えて明るくなり、綾野の見るところ、助重との出会いが照手を甦《よみがえ》らせたようだと言うのです。

照手の兄は武芸にも秀でた若者であったが、それ以上に古文詩歌を好みました。幼時から照手とともに再三横山館を訪れ、ある時大膳が手習いさせた、

執《と》れば憂《う》し　執らねば物の数ならず
棄《す》つべきものは弓矢なりけり

という古歌が気に入って自家至るところに書きつけ、兄妹の父が、従兄の大膳に苦情を言ったこともあったそうです。

初め照手は、兄を思う心を助重どのに重ねただけだったが、今は人柄を知った助重どのを慕い、その心だけを支えにして生きているようだと、大膳は語りました。

「女人としてはその容姿並に過ぎず、もし助重どのの意に染《そ》まぬとあらば、止むを得ぬ次第です」

大膳の言葉に、助重は恐縮するしかありません。かろうじて、しばしの余裕を得たいと乞い、部屋に戻りました。

――話を受けると言えば、皆は必ず喜んでくれるだろう。鎌倉の目を避け緊張を続けて生き延びる日々を思うと、安らぎは抗《あらが》い難い。しかし照手どのに真実を覆い隠し、

欺《あざむ》きとおして安らげるか……。

皆に図《はか》り、その意向を確かめることもできぬと助重は思います。彼らは己《おのれ》を捨てて主君に従っただけであり、修羅道を行くと決めたのは、助重ひとりでの決断だったからです。

――王禅寺であれ何処であれ、よし照手どのの兄と戦ったとしても、合戦でならこれほどに、思い煩《わずら》うことにはならずに済んだはずだ。不意を襲い、関わり無き者をも殺したのは、それだけの苦しみを皆が被ってきたと思ったからだが、それは自分ひとりの思い込みだった。照手どのの苦しみは、修羅を生きようと決めた、自分のような者の思い込みのせいだ。報復は足利持氏ただ一人に向けるだけでよかったのだ。それなら自分にはもちろん、照手どのにも、今の苦しみはなかったかもしれぬ。

太刀を揮《ふる》うのは助重の本意ではなかった、そう信じこんでいるらしき照手の様子を思うと、照手の痛みが我が胸に食い込むように思われ、それは次第に深く重く、他者を害して強者となろうとした若者を苛《さいな》みます。

苛《さいな》まれ続けたためか、助重はにわかにやつれ始め、遂に高熱を発して倒れました。

大膳は客殿に見舞い、あの話は病が癒えるまで放念されよ、それからのことにしようと労《いたわ》りました。

饗庭たちは昼夜を分かたず、助重の看病をします。そして自分たちを助ける照手のひたむきさに圧倒され、感謝とともに次第に照手を頼るようにもなりました。

半月が過ぎて秋が巡り、山静もり栗太り、柿が色づき始めます。助重の身心も少し持ち直したようでした。

横山館の野遊びの日が近づきました。下人や婢、使用人たちが山に入って茸《きのこ》を取り、川漁に心得ある者は、網や梁簀《やなす》で魚を取ります。侍でも釣り好きの者は、竿や仕掛けの準備をして参加するのです。照手が皆の前で、助重に言いました。

「お身体を慣らすため、あす一緒に野にお出かけ下さいませ。もし茸を見たいと仰せなら、私は松茸を三十本ほどは取れるところを知っています。魚を見たいと仰せなら、岩魚《いわな》のいる淵へもご案内いたしましょう」

「それは良い。照手さまの手引きなら、我らは安心して骨休めいたしましょう」

饗庭が勝手に話に乗り、皆も一斉に骨休め骨休めと喜びます。久しぶりの一同の明るさに助重は苦笑し、涼しいうちだけでもお供しようかと、同意しました。

青空にちぎれ雲が飛ぶ当日、早朝からの支度を終えた野遊びの一行を、大膳はじめ侍たちは門で見送ります。助重はゆっくりとした歩調で進み、昼食の荷を置いた休憩所に、腰を下ろしました。数匹の犬たちと老いた男数人が残ります。

しばらくして照手が傍に来ました。山仕事用の女の上着を羽織り、遠目には照手とはわかりません。彼女は幼い頃から祖母の里である横山館に出入りし、祖母の兄、大膳の父である大伯父に、松茸の群生地を教わりました。そして誰にも知られるなという大伯父の言葉を守ってきたと言います。

周囲に気を配り、忍び歩く照手に従い、山に入った助重はいつの間にか同じ忍び歩きをしていました。かなりの斜面を登りつめたところに栂《つが》や松の群落があり、その真ん中の一本の根方を掻き分けると、まだ傘を丸めた松茸が一本見え、次いで円形の群生が見つかりました。膝をついて一心に、まだその周囲を探る照手。傍にしゃがむ助重に茸の強い香りとともに、照手の鬢の油の匂いが漂ってきます。

「照手どの……」

呼びかけた声が嗄《しゃが》れ、照手は振り向かずに茸を探ります。再度呼びかける助重の声に振り向いた照手は、強い光を堪えた目で助重を見つめました。

「何もおっしゃらないで下さいませ」

「……？」

照手は茸採りに戻り、手を動かしながら話します。熱にうなされる助重が繰り返して王禅寺と口にするのを聞き、自分が話した内容が、病の原因となったのを知ったのだと。

「寺の名を最初に申し上げた時、助重さまに何の心当たりもなかったと、それはわかっております。でも、私の父や兄と出会ったかもしれぬと、それがお心を煩《わずら》わせたと知りました」

「そうだ。私は鎌倉へ行ったのだ！」

「もうそれ以上、おっしゃらないで下さいませ……父も兄も刀を抜きました。自分の手で地獄の門を開いて、それがために死んだのです。私は王禅寺を知らなかった助重さまが、父や兄に会われたはずがないと信じております。それだけを信じています」

「照手どの、私は誰とも知らぬまま、散々に人を切ったのだ」

助重は土に拳を突いて深く頭を垂れ、茸を探る手を止めた照手はそれを見つめます。照手は、いつまでも動かぬ助重に思い余ってにじり寄り、その頭を自分の膝に受けました。やがて我が身を伏せて、怖《お》ず怖《お》ずと助重の背を抱きました。

その日、昼前の横山館に騎馬の客三人が訪れました。執事自らが庭に出て門を開きます。客は鎌倉府から来たと言い、執事は三人を式台から玄関の間に招じ入れました。客は鎌倉公方の密旨を伝える者であると言い、頭らしき男が風間甚内《かざまじんない》と名乗りました。密使ではあれ忍びに違いありませんが、公方直々の使者と称する者を、下手《しもて》に置くわけにはいきません。従者二人は玄関控え間に止め、大膳は、奥座敷最上座の床の手前に、主客対等に向き合う座を設けました。双方の名乗りもそこそこに、風間甚内が話します。

上杉禅秀の乱を平定した鎌倉府は、関東八州の安定を回復させるため日夜努めているが、なお各地に小競り合いは続き、その機に乗じて策略を巡らす動きが絶えず、それが相模に及ぶ気配がある。謀反人小栗が横山家相州分家に向ける密かな企《たくら》みを事前に除けとの、鎌倉公方直々の指図を相州出身のそれがしが受けることとなり、今日罷《まか》り越《こ》したのだと言います。

「我が家に向けた企みと申されるか。その根拠は何か？」

「先日ご当家に木材の打ち合わせに参じた者より、見慣れぬ武士の姿数人との報告あり、その足跡《そくせき》を検《あらた》めました。その結果鶴岡八幡宮寺で、鎌倉府奉行衆の二階堂定行《にかいどうさだゆき》殿を謀殺した者どもと判明いたしました。その折りの追及はそれがしの配下が致し、不覚にも跡を見失っておりました。不敵の者が横山館に何を企むのか公方様は深く懸念され、拙者を遣わされました」

「……。その者どもの素性は、突き止めておられるのか？」

「常陸で敗れた小栗助重と配下の者。霞ヶ浦、土浦一帯で、不敵の戦いをした者として名を揚げたとか、聞き及びます」

「ははぁ、それは思い違いではあるまいか。小栗助重主従、確かに落人で今は我が家の寄人《よりうど》じゃ。だが常陸から一路甲斐への途中と申し、怪我人のみ世話を頼む、と言ってきたのがこの春であった。全員当家に止めておるが、馬飼いなど並外れた力量の者どもゆえ、いずれ相応の役職も与えるつもり、人品《じんぴん》も卑しからず。虚言、策略を弄する者とはとても思えぬが……」

「ではお尋ね申す。今は横山殿のお身内で、照手という娘御がおられるが、その実父や兄を王禅寺に討ったのも、小栗の仕業に相違はなし。そのことご存じか？」

「何、小栗が照手の身内を討った？　しかも王禅寺で？」

「昨年暮れから春にかけて、安房《あわ》、武蔵、相模の三州に落人が多かったとは言え常陸から鎌倉を目指せば、王禅寺は不自然な経路ではなし。しかも、加勢を呼ぶ間もない周到な襲撃で十四人を屠《ほ》ふり、自分らに一人の死者もないとは、小栗一党の仕業とし か他に考えられませんぞ」

大膳の顔つきが改まりました。もし風間の言葉通りならば、照手のためと思ってしたことが、彼女を地獄に突き落としたも同然です。大膳は居所を誰にも明かさぬと言われている風間一族を、かねて怪しみ信じてはいませんでした。しかし今は彼らの知ることを、少しでも多く聞いて判断せねばなりません。

「小栗を糺《ただ》す要点は常陸から王禅寺、さらに鎌倉への道筋か。他には？」

「容易《たやす》くは正体を明かしますまい。よほど智略を絞らねばと存じます。しかし鎌倉府を侵した事実は、論ずる余地なき天下騒乱の大罪、討伐するしかない者どもです。もし鎌倉府のその意向に従わぬとなれば、相模横山に止まらず、武蔵横山ご本家にまで累《るい》が及ぶは必定《ひつじょう》ですぞ」

事の次第を問わず小栗を討て！ 遂に使者は、真の目的を明らかにしました。言葉こそ丁重ですが、風間甚内は傲然《ごうぜん》と横山大膳に迫ります。しかし大膳には、それをはねつけるだけのものがありません。しばしの時を貸せと言う大膳を抑えつけるように、甚内は手を拍《う》って従者を席に招き、甕《かめ》を一つ、大膳の膝の前に進めさせました。
「これは公方家より預かって参った痺《しび》れ酒。一口含むと全身が痺れ、杯を腹中に干せば命も絶たれましょう。横山に武名高けれど、犠牲多きを案じられてのことでありますす」

それだけを伝えて風間は忽然《こつぜん》と去り、大膳は苦悩に沈みました。使者が風間であったのが釈然としませんが、でも今や、それは問題ではありません。小栗をどうするのか、何としても小栗助重を糺さねばならぬと、大膳は急いで譜代《ふだい》の家臣を呼び寄せました。

横山に武蔵以来従って来た代々の家臣である小野、目黒、愛甲、中条などの面々が集まります。大膳は小栗助重に照手との婚姻を申し入れたことを含め、いきさつのすべてを率直に話しました。そして小栗一党の意図をどう解明するか、皆の意見を尋ねました。

思いがけない話に、皆に戸惑いが広がります。
『鎌倉行きを伏せたは、明らかに当家への謀《たばか》り、追放して後は鎌倉府に任すべし』
『いや、落人《おちうど》が道筋を明かさぬは是非もなし。それより侍どうしとして、腹を割って王禅寺の件を糺すべきだ』

『王禅寺で闘ったとしても、名乗り合いはするまい。誰を切ったか、当人たちにもわかるまい』

延々と議論が続き、とりあえず婚姻話を延期とし、時をかせぎながら正体を確かめるという意見が大勢となるうち、筆頭の小野為景《ためかげ》が言います。

「婚姻話を進めるべきです。改めて殿から王禅寺の件を含め、小栗への疑惑を真正面から伝え、小栗の様子を確かめながら返答を迫られるがよろしい。一つ庄を領した身とはいえ、今の身の上を弁《わきま》えるなら、まして照手様を思う情《こころ》あれば、潔白であろうと謝絶するのが当然で、当家から退散することとなりましょう。万が一にも乗り気を見せれば、それは邪心の証《あかし》です」

この意見が決め手となりました。その時、野遊びから人々が戻る声が聞こえ始め、重苦しい談合はそそくさと閉じられました。

数日後、鎌倉公方足利持氏の私室に、風間甚内が呼ばれました。付け髭など変装のすべてを解いた姿は、鶴岡八幡宮寺奥の大臣山で、小栗助重と対峙した乱波の頭領のものでした。その報告を聞き終えた足利持氏は、冷やかな口調で言い渡しました。

「小栗助重の首を見せよ。そちに対する賞罰はその後じゃ」

四、それぞれの地獄へ

野遊びの後、収穫の慌ただしさのうちに日々は過ぎ、その間の横山大膳と小栗助重は、それぞれの胸に憂悶を抱えて過ごしました。

すっかり冬となったある日、助重は饗庭、河津、門馬の三人を自室に呼び、胸の内をおよそ次のように語りました。

少し前、横山殿から照手姫と自分との縁組の申し出を受けた。照手どのの行く末を思い、我らを見込んでとの、横山殿の有り難い御意向である。しかしながらそれに先立って、照手どのの父と兄が王禅寺というところで落人に討たれたと、照手どのからじかに聞かされていた。隠し事をしたまま聞くのは、どちらの話もまことに胸塞《ふさ》ぐものであった。

照手どのの親兄弟を我が手に掛けたとは思わぬが、縁談まで巡りくるに及んでは黙しておれず、実はすでに照手どのに、鎌倉行きと御家人多数を手に掛けたことを、告げずにはおれなかった。照手どのは、王禅寺の名も知らなんだ我らが仇《かたき》のはずはないと申されたが、悲しみを思い出させたのは確かだ。

ただの落人にあらず鎌倉に楯突く身は、いずれ横山殿に迷惑を及ぼす。手負いの傷も早や癒《い》え年の暮れも近く、立ち退《の》きは急がねばならぬ。しかしながら受けた恩義の深さを思えば、縁談をただ断るだけで退《しりぞ》くか、あるいは鎌倉を仇としたすべてを語って立ち退くのか、そこの思案がなかなか定まらぬ。

助重の言葉のあと沈黙が続き、やがて饗庭宗貞が重い口を開きました。

「照手さまに小栗家奥向きを委《ゆだ》ねるとは、恐らく皆の願うところでありましょう。しかし殿の仰《おお》せ通り即刻にも退散し、横山殿の恩義を疎《おろそ》かにせぬよう、心せねばなりますまい。ただ鎌倉府の敵だと明かすは、かえって横山家の迷惑となる恐れもあり、黙って退くのが、互いにとって上策かと存じます」

河津、門馬、いずれも頷きますが、門馬が言います。

「殿は照手さまに、縁談のことをどう話されましたか？」

「愚かなことを言うな。わしから口にすることではないぞ」

「それなら照手さまは、ひときわ悲しまれることでありましょう」

「言うな門馬！　殿にいったい、何を申されよと言うのじゃ！」

饗庭が叱り、門馬を黙らせます。しかし河津も言います。

「いっそ当方より照手さまを奥方にと申し出て、同行をお願いすればどうでございましょう？」


「なに、なに！　照手さまを野に伏《ふ》せさせてどこを彷徨《さまよ》うというのじゃ。お手前らの野放図《のほうず》な言い分には呆れる。殿、この話はここまでにいたしましょうぞ」

「……。照手どのを連れてとは思わなかったが、実はわしは思い切って道を返し、陸奥《むつ》を目指そうかと考えていた。かの国には未だ人の手の入らぬ地が残ると聞いたが、もしもそこに我らの生きる余地があるのなら、小栗領復興にせよ、鎌倉を討つにせよ、再起の手がかりを得られるやもしれぬ」

　助重の言葉に沈黙がひろがり、やがて再び饗庭が言いました。

「実は我らも殿の伏される間、今後の見通しなどを談義いたしておりましたが、時をかせぎほとぼりを冷まそうとは、思いは皆も同じでございます。但しその前にもう一押し、鎌倉火攻めの手だてなどを皆で講じ、腹の虫を宥《なだ》めておりました。それはさておき当地退散のこと、さっそく皆に告げましょう」

　三人は退出し、助重は再び自分自身と向き合います。けじめをつける手だてを進め始めたものの、心は軽くなりません。今や照手への思いも、若者の胸に大きく影を落としているのです。助重はその思いを振り払うように再度饗庭を呼び、近日中の横山大膳との面談を、執事に申し入れよと命じました。

大膳と助重の面談が実現したのは、歳の暮れも迫った日です。その前に大膳からも、面談承諾の返事とともに、当方からも質《ただ》したき儀ありと伝えてきていました。当日は郎党全員を入れることのできる母屋の大板間に、座はただ二つ。着座した助重がまず面談への謝辞を述べると、大膳がすぐさま口火を切りました。

「小栗党が横山を謀《たばか》っているとの訴えを受けた。実は鎌倉を騒がせ、天下騒乱を図る罪人なりという。これは事実か？」

軽く一礼した助重は、即座に次の如く弁明しました。

『窮地にあったといえ、事を偽って助力を乞うたのは当方の不実《ふじつ》、誠に申し訳なきこと謝罪する。しかし鎌倉へ討ち入り、公方家御家人を討ったのは、小栗満重の仇討ちのためである。首を取られるは武門の習いとはいえ、遺体を焼損して辱《はずかし》め、女子《おんなこ》どもを数知れず殺戮した暴虐に報復するのは、これもまた武門の者として当然の作法である。鎌倉討ち入りに恥ずべきことは当方にはなく、鎌倉公方にこそありと心得る』

この弁明について応酬した後、大膳は話題を転じました。

「王禅寺において、我が館に養う照手の父や兄ら、十四人をことごとく討ったのも小栗党だという。この件はどうじゃ」

「王禅寺に参上したことはありませぬ。一兵も失わぬよう心がけ、兵法通り常に物見《ものみ》を前へ出し、地歩《ちほ》を確かめつつ進退する故に、地名を失念することはあり得ません。聞けば王禅寺の闘いは十四人が討たれたとか。我らは総数十一、そのような危険な闘いは、望むところではありません。偶然に敵と遭遇した場合も、相手多数なれば姿を隠し、戦いを避けました」

真っ直ぐに目を合わせて答える助重の言葉を聞き終えて、横山大膳はわずかに頷き、言いました。

「ではそこもとの、今日の用件を申されよ」

「されば先日の件について、今のこの事態では、もはや返答をお求めになることもあるまいと存じます。ただ身に余る恩情を蒙《こうむ》ったこと、小栗助重終生《しゅうせい》忘れませぬ。その上にて僭越《せんえつ》ながら改めてお願いしたきことあり。お聞き頂けましょうか？」

「……？　申してみよ」

「されば申し上げます。恩情数々受けたる中とりわけ照手姫の御働きの有り難くうれしければ、我ら主従ともども両三年の猶予を得て姫を安んずる用意をととのえ、その暁《あかつき》には、我が奥向きへお迎え奉りたく存じます。これにて我らご当家を退散仕《つかまつ》りますが、この儀お心に止め置き下され、また照手姫にもお伝え下さりたく、伏してお願い申し上げます」

「何と！　何の成算もなく、ただ広言《こうげん》のみ言い残すとか」

強い口調で大膳が遮《さえぎ》りますが、助重は構わず続けました。

「念願は小栗の所領回復、小栗庄に居座る者あれば、機をみて討ち取る所存《しょぞん》です。天下は流るる水の如く、鎌倉公方家といえども先年の上杉との争いでは、滅亡の危機に瀕した折りもあり。時を得れば小栗に活路が開けることもあるかと存じます」

大膳は諾否《だくひ》を言わず、今やただ黙して助重を見つめます。助重もそれ以後は緘黙《かんもく》してただ低頭し、やがて面談は終わりました。

助重が退出し、入れ替えに隣室にいた横山の重臣たちが集まりました。大膳はじめ全員の表情に、苦渋《くじゅう》の色があります。助重の言い分は道理をそなえ、照手への情も頷けるものがあるのに、小栗に不利な結論がすでに出ていたからでした。数日前に多摩から横山本家の急使が到着し、鎌倉府の意向に沿《そ》え、との指示を受けていたからです。大膳は端的に準備を進めよとだけ言い、さらに、早急に照手を小田原へ赴かせよ、と付け加えました。

「にわかな小田原行きを、姫は承諾なされましょうか？」

「手段はあろう。すべて落着するまで、ここには置けぬ」

突如として館全体の動きが激しくなりました。身支度をととのえる小栗の面々に、旅装束や携行の食料が届けられます。そして助重の居室を訪ねた執事の侍が告げました。

「鎌倉への憚《はばか》りあるとは言え、急な別離は当家も不本意です。明日早朝から順次密かに上野原に場所を移し、一夕の宴《うたげ》を設けて別れを告げたいと、主の大膳は申しております」

助重は言葉少なに応じ、謝意を表しました。その間に横山の母屋では、照手に母方祖母危篤《きとく》の報ありと告げられました。彼女は供侍《ともさむらい》を連れ、慌ただしく小田原へ出立して行きます。

年末の晴れ間の下、横山と小栗の侍たちが数騎ずつ間をおいて横山館を出、山間に駆け入りました。途中で昼餉《ひるげ》の面桶《めんとう》を使い、上野原の集落を北へ折れ、さらに深い山地へ入ります。そこに横山一族の山屋敷が建っていました。

夕暮、山屋敷の前庭数か所に篝火《かがりび》が焚《た》かれました。開け放った板敷の宴席に、横山党と小栗党が対面する形で座が設《しつら》えられ、対面する横山重臣に対し、若い小栗党の面々は畏《かしこ》まって坐ります。しかし酒が注がれると、次第に場は和んでいきました。頃合いを見計らい、横山の侍たちによる仕舞《しまい》と謡《うたい》が始まりました。曲は『邯鄲《かんたん》』です。

我が宿の、菊の白露今日ごとに、幾世
積もりて淵となるらん。よも尽きじよ
も尽きじ、薬の水も泉なれば、汲めど
も汲めども、いや増しに出づる菊水を、
飲めば甘露もかくやらん……。

喝采《かっさい》が沸き、座はほぐれました。その間大膳は助重たちに、霞ヶ浦、土浦の戦いから、さらには鎌倉討ち入りまでをあれこれと尋ねます。座をあげての合戦談義に盃は廻《めぐ》り、宴は盛り上がりました。やがて助重が盃を手に立ち、横山重臣それぞれと献酬《けんしゅう》し、順に礼を述べ挨拶を交わします。一巡して座に戻り、また歓談の時が過ぎました。

「今夕の御礼に、一差《ひとさ》しお返しせん」

いつの間にか主賓の助重は、先ほど舞った侍たちの蝙蝠扇《かわほりおうぎ》を借り持ち、板戸の前に立ちました。一同の話声が静まります。

四季折々は目の前にて、春夏秋冬、万《まん》木千草《もくせんそう》も一日に花咲けり。面白や、不思議やな。かくて時過ぎ頃《ころ》去れば、かくて時過ぎ頃去れば、五十年の栄華も尽きて、真《まこと》は夢の中なれば、皆消え消えと失《う》せ果てて、ありつる邯鄲の枕の上に、眠りの夢は、覚めにけり。

所作は簡素に一人舞い一人謡い、人々は皆手を打ち囃《はや》し、助重の懐《ふところ》深きを称えます。しかし大膳の顔は蒼白でした。

座に戻った助重と対座し、血色をとり戻した大膳が言いました。

「常陸小栗家は京都扶持衆《ふちしゅう》とかねて聞き及んでいたものの、猿楽《さるがく》にも相州など及ばぬ嗜《たしな》み、まこと、感服しましたぞ」

「痛み入る褒《ほ》め言葉、たまたま叔父満重より手ほどきされた邯鄲の曲を選んで頂き、拙《つたな》きながらにお報《むく》いできました」

謡曲『邯鄲』は、中国古話に材をとったもの。貧しい若者盧生《ろせい》が趙《ちょう》の都邯鄲《みやこ》に出て、足を止めた宿の女主人に身の不遇を託《かこ》ち、枕を借りて眠り、波瀾万丈の人生を夢に見ました。だが栄耀《えよう》の日々は次々と消え失せて、目覚めると、眠る前に火にかけた粟粥《あわがゆ》はまだ煮上がってさえおらず、人生まさに一炊《いっすい》の夢と覚った盧生は、枕を返して故郷に戻るというものです。

古い異国の物語はさておき、今現在の相模一睡《すい》の夢。横山と小栗双方が、それぞれの謡曲をどう謡い、どう聞いたか。何を託し、どう受け止めたか……。その応酬は、今の大膳と助重ふたりの顔つきからは察するよすがもありません。

夜が更けて山峡《やまかい》の空に月が傾き、宴は終わりを迎えました。主客それぞれ自分の座に復し、召使が盃を新しく変え、別離の酒がなみなみと注がれました。全員が両手で土器《かわらけ》を捧げ持ち、大膳が凛《りん》と声を張って告げました。

「いざや、別れむ」

いざやいざやと声をあげ、盃を干しました。しばし静寂の時があり、たちまち我が胸を掻きむしって板間に倒れ伏すもあり、助重は周辺に目をやり床に手を突き、大膳をきっと見上げます。次いで右足を踏み出して立とうとし、そこで力尽き、仰のけに板間に倒れこみました。

しかし横山の侍たちは顔を背《そむ》け、盃を傾けて酒を床に捨て、次々に立ちました。崩れ落ちた助重を一瞥《いちべつ》し、大膳はそのまま縁先から庭に降り、玄関に出ます。馬を揃え全員が騎乗するのを待ち、下人から婢に至るまでを従えて、山屋敷を後にしました。その間誰一人、一言も声を発する者はおりません。

庭で燃え尽きていく篝火が爆《は》ぜ返り、闇から湧きだした黒衣の男たち三十人ほど、足音もなく宴席の板間に上りました。先立つ一人が皆を制し、助重を見分けて進み寄ります。

男が膝を着き、脇差しを抜こうとした一瞬、助重はその手を捕らえて相手を倒し、我が身を起こしました。刀を奪い、敵の背中を踏み押さえて立ち上がります。一斉に詰め寄る男たちを右手の脇差しで制し、助重は踏んだ男の髻《もとどり》を左手に摑みあげ、脇差しを首筋に当てて切り裂き捩《ね》じり、瞬時に首を身体から切り離しました。二番手、三番手の男が獣の如く喚《わめ》き、左右から跳躍します。助重は躱《かわ》しながら、一人の胸板を刺し止め、もう一人の頭には左手の首を叩きつけました。

頭蓋が二つ砕けたか、脳漿《のうしょう》が飛び散り、男たちをたじろがせます。その僅かな間隙《かんげき》に、助重は手にした首を覗《のぞ》きました。

「こ奴は鎌倉で出会うた乱波《らっぱ》の頭。者ども、鎌倉の飼い犬どもぞ。皆目を覚まし、一人でも多く地獄まで連れていけ！」

すでに数人の小栗の侍が、身悶《みもだ》えながら起き上がろうとし、指揮者なき忍びたちもたまりかねたか、一斉に襲ってきました。互いに無秩序の乱戦、かろうじて立ち得た小栗党は数人に過ぎません。それでも狭い室内で、彼らの優れた膂力《りょりょく》は忍びの素早さを上回りました。切られ刺されながら刀を奪い、捕らえた相手を切り裂きます。他を顧みる余裕なくしばし無言で戦い、助重の周囲から、潮が引くように敵がいなくなりました。しかし味方には、もはや立つ者はおりません。

小栗方に倍する数の黒衣の男が床に倒れ、残る者は庭に退き、立ちはだかる助重を窺《うかが》います。やがて篝火を移された松明《たいまつ》が、火の粉の尾を引いて次々と屋内に投げ込まれました。

建具が燃え天井を焔《ほむら》が這《は》い、柱が燃え立っても、外へ逃れる姿はありません。敵味方がともに焼かれ、遂に山屋敷全体が轟音を発して燃え上がります。

夜半には雨となりました。人気のない山間に、燃え尽き白煙をあげる屋敷の残骸。すでにあたりには、動くものの姿はありません。

まだ夜が明けぬ人気ない谷間を、さまよい下るただ一つの影、やがて足を踏み外して流れに落ち、水中でその動きは止まりました。

ただこれ地水火風《ちすいかふう》の、仮にしばらく纏《まと》わりて生死《しょうじ》に輪廻《りんね》し、五道六道に廻《めぐ》ること、ただ一心の迷いなり。

陰々《いんいん》と呟くように抑揚を抑え、耳について離れぬ地謡《じうたい》は、謡曲『安達ヶ原《あだちがはら》』の物語です。

――わしは死んだのか。陸奥へ行こうなど思うたが故に、はや鬼姥《おにうば》に悟られたか……。

陸奥の旅の宿を借り、老いた女主人の留守にその閨《ねや》を盗み見すれば、そこには堆高《うずたか》く積み上げられた死体の山。膿血《のうけつ》したたり臭穢《しゅうえ》に満ちて膨満し、膚膩《ふに》ことごとく爛壊《らんえ》して今にも崩れ落ち、見上げる我が身を埋め尽くすかの恐ろしさ。しかし今はもう、びくとも我が身を動かせず、流れに任すしかありません。

——だが寒い、骨が凍《こお》るほどに寒い。

天からは絹糸のような細い雨。物みな煙る蕭条《しょうじょう》たる谷間の暗がりを流れ落ちる細い水、やがて相模川に流れ入ります。

その川水を流れ下る、もと助重であったもの。迫る火に向かい、死を斥《しりぞ》けんと凄まじい怒りを発し、全身の筋肉を奮い立たせて毒に蝕《むしば》まれた内臓を吐き出し、毒血を絞り出さんと、満身の血管を揺さぶり立て、波打たせました。筋肉は火熱に焦《こ》げる皮膚を裂いて露出し、太い血管は表皮を破り体外に露出したのです。

焼かれて皮膚を失った肉塊は、漿液《しょうえき》を滴《したた》らせる青黒い血管の網を纏《まと》い、目鼻はおろか手足の形態すら、すでに人のそれとは見定めがつかず、光を見ず音も聞かず、死んだか生きたかを区別するよすがもなく、今はただ、川水に浮かんで流れ下ります。

上野原と小田原の中ほど、東西十里南北七里ほどの丹沢《たんざわ》山地の山襞《やまひだ》に、無骨な丸太造りの、しかし大きな建物が隠れるように立っていました。数里の間に人家なく、杣人《そまびと》はもちろん山猟師すら、その周囲に近づくことを憚ります。出入りするのは、並外れて鍛えこまれた四肢をもつ男女ばかりで、老幼の姿はありません。細雨が続く中、建物に十人ほどの男が集まっていました。

「甚内《じんない》が先走って鎌倉の手先となり、魂魄《こんぱく》を烏有《うゆう》に帰《き》したはまさに自業自得、我らの与《あずか》り知るところではない。恐らく鎌倉は、甚内の約定《やくじょう》を果たせと言うであろうが、我らの居場所を突き止める手段も持たぬ奴《やつ》ばら、言わせて放っておけばよい……」

頭領らしき男が口を閉じ、周囲は黙して続きを待ちます。

「甚内はともかく、その一党二十余名を失うたのは我らが遺恨。一手の者を再度上野原に差し向け、小栗党の遺体を確かめよ。助重とやら聞く通りなら、平将門《たいらのまさかど》の再来を思わせるような奴。火を潜《くぐ》り逃れたとて、必ず見つけて止《とど》めを刺さねばならぬ。身体は断ち割って焼き、灰とせよ。一つ所にまとめて残すな。さて甚内を欺《あざむ》き、毒酒の効果を確かめもせず、小栗を風間にけしかけたのは分家横山の仕業《しわざ》。その償《つぐな》いはさせねばならぬ。今宵《こよい》横山の館に火をかけ、皆殺しとせよ。大膳を討て！」

頭領はそう言い渡し、男たちは無言のまま立ち去ります。

照手の祖母は孫娘に逢えたうれしさに、大膳の偽り言を庇《かば》いました。おそらく何ぞ聞き違《たが》えをなされたのであろう。祖母《ばば》はこの通りに息災《そくさい》であるが、折角《せっかく》のことであるからしばらく亡き母の位牌の傍に過ごし、年老いたものを慰められよと言いました。

しかし照手には、相模原が気がかりでなりません。翌朝起き抜けに再度の墓参を済ませ、今の自分の仕合わせを非業《ひごう》に倒れた父や兄に詫び、明日早々の出立を祖母に告げました。

しかし、明くる日は朝から雨でした。もう一日泊まれと言う祖母の願いは黙《もだ》し難く、さらに一日を小田原で過ごし、次の日の早朝、照手は祖母に別れを告げました。

街道筋に海風が吹き上がりますが、冬空は一転して晴れました。供侍を急《せ》かし、馬を急かして海べを離れ、相模川沿いの道にさしかかります。川は少し水嵩《かさ》を増したようですが濁りはなく、ただ一面に漣《さざなみ》を立てていました。

昼過ぎ、茶店の店先をかり、湯をもらい、川を下ってきた人々と一緒になりました。声高な話し声が耳に届きます。

「戦《いくさ》があんな凄《すさ》まじいものとは、いやはや聞くと見るは大違い、目を離せませんでした。館《やかた》の侍たちもよく戦っていましたが、建物に火をかけられ、背後を明るくされては敵《かな》いませんな。押しつめられ矢を射かけられ、一人二人と討たれていき、しかも止めまで刺されました。明け方には、あの大きかった館がすっかり焼け落ち、見るも無残なものでした」

聞くうちに、照手も供侍たちも顔色を失っていきます。

「申し申し、いまの話は、いずこのことでございますか？」

「はい、横山さま分家館のことでございますが……」

五、餓鬼道変化

「横山館が焼けましたと？　人が皆討たれましたと？　それはまことでございますか？」

照手の一行に、戦慄《おのの》きの波が打ち寄せます。しかしその場では、それ以上の事はわかりません。衝撃から我に返った照手は、侍たちに命じて先を急がせ、その日の暮方に戻った横山館は聞いた通りに形を失い、崩れ落ちて灰燼《かいじん》と帰していました。

多摩から駆けつけた本家も、主だった者はすでに引き揚げていて、残った者が照手一行のまわりに集まってきます。彼らを指揮していた、本家執事の一人である侍が言いました。

「おお、照手さま。誠に痛ましいことになりました。綾野さまはご無事です。すでに本家へお送りいたしました。照手さまを本家で待っておられますと、朝遅くでしたが、小田原へ使いを出したのですが……」

「伯父さまは、大膳の殿さまはどこにおられますか？　それに小栗さまは？」

「相模原の殿のお行方はまだ知れませぬ。小野、愛甲さまたちもご一緒ゆえ、きっと敵を追っておられるのでございましょう。十分な人数を探索に出しました故、そのうちすべてがわかります。小栗のことは上野原で果てたこと見届けたと、前もってご本家へ、殿からご連絡いただきました。その上でのことゆえ、なぜこのようなことに相成ったか、相手は果たして何者か……手がかりもなく、我らも困惑しておる次第です」

「助重さまが上野原で果てられた？　伯父さまがご本家へそう連絡された……助重さまは誰と闘われたのですか？　まさか伯父さまと。いえ、そんなことはありませぬ。では誰と……」

照手の心は、行き場を失います。懸念と疑問が湧くのに、誰を頼ってよいか見当もつかず、心の中の暗黒が、みるみる大きく広がります。家族を失った時の苦痛が再現したかのよう、遂に彼女は堪えきれず倒れました。

侍たちは急ごしらえの野営場に彼女を移しました。照手の供たちも今や照手のみが拠り所であるかのよう、その周囲に寄り添います。しかしその夜、人々の注意が逸《そ》れた僅かな間に、照手は野営場から消えました。供たちが驚き慌てて捜しましたが、その姿はどこに見出すこともできません。

相模川河口を東へ約三里、藤沢の宿《しゅく》に清浄光寺《しょうじょうこうじ》という寺があります。法然《ほうねん》の口称《くしょう》念仏《ねんぶつ》を受け継ぐ西山證空《せいざんしょうくう》の教えを学び、後に独自の境地を開いた一遍智真《いっぺんちしん》を祖師とする、臨命終時宗《りんみょうじゅうじしゅう》（時宗《じしゅう》）の中心地です。

一遍は平生を臨終の時と覚悟し、阿弥陀仏に救われている身を喜び、所有するすべてを捨てて念仏踊躍《ゆやく》し、いわゆる踊り念仏で全国を遊行《ゆぎょう》して捨聖《すてひじり》と尊《たっと》ばれました。教えを受け継ぐ人々は時衆《じしゅう》となり、僧は開祖一遍のように全国を遊行して遊行上人《しょうにん》と呼ばれ、清浄光寺は遊行寺とも呼ばれます。僧も宗徒も阿弥陀仏号《あみだぶつごう》、阿弥号、阿号などを名乗りました。

新年を控え、清浄光寺の太空《たいくう》上人が、今しも遊行から寺へ戻ろうと相模川の渡しに差しかかると、川原に何十人もの人々が集まり、何やら大騒ぎしています。太空上人一行に気づいた人々が駆け寄ってきて、次々に訴えてきます。今朝からこの渡しに世にも恐ろしげなものが流れ着き、川を渡れず漁もできず、皆がほとほと困っているというのです。上人がそちらへ歩みを進めると、皆が供となってその後に続きました。

川原にあるのは、見るも無残に皮膚を失った赤むけの肉塊《にくかい》でした。寒空の下、剝《む》き出しの血管らしき青黒い管《くだ》が全体を覆って蠕動《ぜんどう》し、それにつれて肉塊全体が蠢《うごめ》いています。子細《しさい》にその様子を眺め、やがて合掌した太空上人は言いました。

「初めて見るが、思うにこれは、『倒懸《とうけん》』がこの世に現れたものに相違ない。さてもこのようなものを、この世で目にする時がくるとは思いがけぬことじゃ」

上人に倣い皆も合掌し瞑目《めいもく》しますが、言われたことを理解できた者はおらず、思い切って一人が尋ねます。

「『とうけん』とおっしゃったのは、如何《いか》なることでありましょうか。噛み砕いてお教えくだされ」

「そうであった。ではお話ししよう。倒懸、即《すなわ》ち逆さ吊りじゃ。この世の万物が因縁の理で支え合い、助け合っているのがわからず己《おのれ》の感情しか信じられぬ者。貪《むさぼ》り尽くし、思い通りにならねば怒って人や獣を打ち殺す。つまりはこの世を逆《さか》しまに生きる者の末路《まつろ》、餓鬼道《がきどう》に堕《お》ちた者のことを言う。天竺《てんじく》（インド）でウランバナと言い、経文に盂蘭盆《うらぼん》と書くのは、この餓鬼道の苦しみを供養する祀《まつ》りで、皆も盂蘭盆会に施餓鬼《せがき》供養をされるが、それは倒懸への施《ほどこ》しなのじゃ。そこで皆の衆《しゅう》。この者の様子を篤《とく》とご覧あれ。手足や頭らしき膨《ふく》らみはあれど、目耳鼻口は定かならず。どうやら外が内に、内が外へとすべて裏返ったが如く、血肉剝き出して寒風に曝《さら》される酷《むご》たらしさ。これぞ倒懸、内外逆《ないげ》しまの餓鬼の姿じゃ」

聞く者すべて、いつか寒空の下に立つのも忘れたか熱心に聞き入ります。

「さて餓鬼道は地下五百由旬《ゆじゅん》、閻魔《えんま》王界《おうかい》の深みにあるが、人界と天界の間に浮かぶ餓鬼もいる。中には身の丈人を超え、顔なく目鼻もない鑵身鬼《かんしんき》という餓鬼もいる。目の前の者、まさにその鑵身鬼ではあるまいか……そうだとすれば皆の衆、見つけたこの者をどうなさる？　縄をかけて舟で曳《ひ》き、重石《おもし》をつけて海底深く五百由旬へ沈めるか。焼いて灰にするか。はたまた切り分け煮炊《にた》きして食らおうか。はてさて、どうなさるお心算《つもり》か？」

真顔《まがお》で尋ねられてにわかに居心地が悪く、驚く者、のけ反《ぞ》る者、皆一様に首を振って上人の目を避け、それぞれ後へ退きます。

その様子を篤《とく》と見定めた太空上人、おもむろに言いました。

「では皆様には施餓鬼の心、憐《あわ》れみ深き心にて餓鬼をご覧あると承《うけたまわ》る。さればこの餓鬼、日の本の国に弥陀《みだ》の本願弘《ほんがんひろ》まりたるを知り、各々《おのおの》の慈悲の心を察して罷《まか》り出たやもしれず、ならばここでこの者を受戒《じゅかい》させ、弥陀来迎《らいごう》の道を開いて極楽往生遂げさせれば、己が先祖や有縁《うえん》の霊への回向《えこう》となるは勿論《もちろん》、我が身の後生《ごしょう》に功徳《くどく》を積《つ》み、極楽往生も決定《けつじょう》じゃぞ。すでにこの者頭髪は無ければ、拙僧、剃度《ていど》の儀を省《はぶ》いて授戒する所存じゃが、皆の衆も助けてやってくだされや」

かくて太空上人、その場で餓鬼への授戒を始めます。随従《ずいじゅう》の僧徒立ち働き、岸辺の流木を集めて餓鬼の周囲を結界《けっかい》し、群衆を周囲に立たせて擁護衆《ようごしゅう》となし、随僧たちが華厳経普賢行願品《けごんきょうふげんぎょうがんぼん》にある略懺悔《りゃくさんげ》を称え始めると、まわりの群衆それぞれに、その面持《おもも》ちを改め、声を張って唱和しました。

『我昔所造諸悪業《ガシャクショゾウショアクゴウ》　（我、昔より造る所の諸々《もろもろ》の悪業《あくごう》は）
皆由無始貪瞋癡《カイユウムシトンジンチ》　（皆、無始《むし》よりの貪欲瞋恚癡愚《とんよくしんいちぐ》に由《よ》り）
従身語意之所生《ジュウシンゴイシショショウ》　（身《からだ》と語《ことば》と意《こころ》に従《よ》り　生《う》む所なり）
一切我今皆懺悔《イッサイガコンカイサンゲ》』　（その一切を我、今、みな懺悔《さんげ》す）

そこで太空上人、餓鬼の前に立って五戒を授けます。

「不殺生戒、不偸盗戒、不邪淫戒、不妄語戒、不飲酒戒は、諸仏の護持《ごじ》する所なり。我れ今汝《なんじ》に授《さず》く。汝今身《こんじん》より未来際《みらいさい》を尽くすまで、その中間《ちゅうげん》に於《お》いて、この戒《かい》を犯すことを得ざれ。よく保《たも》つや否《いな》や！」

随僧ら手を煽《あお》って群衆を促せば、大勢の人々は一斉に、

『よく保つ！』

と大声に唱和し、餓鬼の受戒を助けました。

次に上人、餓鬼に法名を授けます。

「それ取名《とりな》は仏家一大事《ぶっけいちだいじ》の因縁なり。故に我が阿弥陀如来は名号《みょうごう》を以て衆生を摂取《せっしゅ》し給う。これによって無辺の功徳《くどく》、我らの色心《しきしん》に攬入《らんにゅう》す。いま弟子某甲《むこう》に解脱号《げだつごう》を授与す。爾今以後《じこんいご》、餓鬼阿弥陀仏と称せよ」

「餓鬼阿弥陀仏、餓鬼阿弥陀仏どの、速《すみ》やかに往生されよ」

「餓鬼阿弥往生、南無阿弥陀仏、南無阿弥陀仏……」

人々は口々に念仏し、餓鬼阿弥の往生を祈ります。それを制した太空上人、餓鬼と群衆に、さらに次のように説きました。

「餓鬼阿弥陀仏よ、これにて時衆となりたれば、一刻も早く名号を称《とな》えて往生すべし。

されど餓鬼阿弥、口一つ何処《どこ》にあるか定かならず。念仏できるほどに蘇生《そせい》させねば称《しょう》名往生《みょうおうじょう》叶《かな》わず……ついては熊野《くまの》へ送るべきだが、車はないか？」

「車とは、はてさて……この辺り、舟ならありますが」

「だが、舟に乗せて送り出し、果たして熊野へ着けるのか？」

「そりゃ、無理です。冬の今でも、潮は熊野へは流れませぬ。でも上人さま、なぜ熊野へ送らねばなりませんか？」

それならばと太空上人、謂《いわ》れを次のように説きました。

最果《さいは》てのこの国には「隈《くま》」の地は多いが、紀伊と出雲のクマノはいずれも死者の霊地であり、再生の地とされている。

出雲は、毛を剝《む》かれ赤裸となった兎《うさぎ》の再生の地であり、紀伊熊野は、阿弥陀如来が熊野権現《ごんげん》と垂迹《すいじゃく》される地である。熊野は「ゆや」と読み湯谷とも書き、湯立《ゆだて》を行った地でもある。その熊野湯ノ峰に、再生の湯が愛洲《あいす》壺湯《つぼのゆ》として湧き出ずる。そここそ、我が祖師が智真法師として熊野本宮證誠殿《しょうじょうでん》に籠もり、「信不信《しんふしん》を選ばず浄不浄《じょうふじょう》を嫌わず念仏札を配って結縁《けちえん》せよ」との阿弥陀如来の夢告《むこく》をうけ、一にして遍《あまね》き念仏、念仏一回を唱えると悟りが証されると覚《さと》り、以後は一遍と号して「決定往生《けつじょうおうじょう》／六十万人」と発願《ほつがん》し、爪書《つめが》きの名号を磨崖《まがい》に残された地である。それ故に紀伊国湯ノ峰にまで辿り着かせれば、餓鬼阿弥陀仏も再生称名し、無事に往生できるはずである、と。なるほどと納得した人々はそこら中を駆け回り、古びているが頑丈そうな一台の土車を見つけました。この車、絵巻で見ると四つ輪の車で、僧俗あわせ七、八人もが一斉に綱を曳《ひ》けるという、かなり豪勢な目立ちもので、餓鬼阿弥陀仏を乗せ、人を集めて曳いていくには格好《かっこう》の車です。

太空上人、餓鬼阿弥陀仏の血膿《ちうみ》に塗《まみ》れた身体を川水で清め、自ら衣を脱いで上に羽織らせ、抱え上げて土車に乗せ、さらに紙を数枚と矢立《やたて》の筆を供の僧の荷から取り出しました。

『この者を一曳《ひとひ》き曳いたは千僧供養、二《ふた》曳き曳いたは万僧供養』

と一枚に書き、さらにもう一枚、

『餓鬼阿弥陀仏往生のため、熊野本宮湯ノ峰にお入れありて賜《たまわ》れば、浄土よりも、薬の湯をば賜るべし』

と書き添えました。

経木《きょうぎ》で紙を裏打ちし、細紐《ほそひも》で餓鬼阿弥の衣《ころも》に結《ゆ》わえます。さらには有りあわせの藁《わら》縄《なわ》を縒《よ》り合わせて曳き綱とし、輪にして車に結んだ太空上人は、最後に餓鬼阿弥陀仏を諭《さと》します。

「普賢菩薩を念じ、華厳経で懺悔した身なれば、善財童子《ぜんざいどうじ》に倣《なら》い五十二人の善知識の助けを辿《たど》って、東海道を京へ上るべし。京からは城南宮《じょうなんぐう》を手始めに、淀川沿いに渡辺津《わたなべのつ》に至り、窪津《くぼのつ》から九十九王子を経巡《へめぐ》り、湯峰王子《ゆのみねおうじ》に至るべし」

言い終えた上人は、まず自ら綱を肩にして両足踏ん張って土車を曳きます。ギシギシと車は動き、人々は争って上人に並んで曳き綱に取りつき、西国《さいごく》目指して引っ張ります。

「ひと曳き曳いたは千僧供養、ハア、南無阿弥陀仏！」

砂塵とともに車は動き始め、綱に取りついた者は曳き、取り付けぬ者は後を押したり連れ立って歩き、共に称名しながら進みます。やがて大勢の称名の声が揃い始めると、人と車の動きも一体となるかのよう、グヮラ、グヮラと弾んで速度を上げ、車の周囲からは熱気が渦をまいて立ち上り、西へ西へと進みます。

ただひとつ車上のもののみ、人声を聞かず車の揺れも感じず、身じろぎもせず、ただ曳かれに曳かれているばかりです。感官すべてをどこかで失ってしまったか何の苦痛もなく、無限に続く空虚の中に何かに耐えるような心地でいて、しかしはるかに遠く、かすかに揺らぐものを感じています。有るか無いかも定かではないが、しかし我が身を大切に抱き止めようと、ひたすらこちらへと近づいてきてくれるもの……。そのものを待ち、それだけを支えとするように、車上のものは耐えています。

さて助重を気づかうあまり失神した照手、夜半にふと身を起こしました。すぐ心に浮かんだのは助重のことです。ずっとその一事を考え続けていたかのように彼女は自分のなすべきことを知り、立ち上がりました。

――上野原へ行こう！　そこに助重さまはきっと居られる。

照手は自分が倒れたことに、まだ気づきさえもしていません。ただ助重を案ずる一心は、二十歳前のまだ華奢《きゃしゃ》な身体を、生命の限界を超えてしまうほど衝《つ》き動かしていくようです。

師走の夜空に浮かぶ淡い半月。しかしその薄光でさえ、儚《はかな》くなった娘の身体を隠してしまうのか、野営地を離れていく照手の姿は、誰の目に止まることもありませんでした。

夜が明け、横山大膳や重臣たちの遺体が、相模原の焼け跡に戻りました。誰に討たれたかは、まだ定かではありません。

横山の衝撃は大きく、本家の当主や主だった侍たちが、再び駆けつけてきました。それからも館跡に、本家の者の姿がしばしば見られましたが、しかしそれも日々とともに減り、やがてほとんど見られなくなっていきました。

年が改まった上野原山中で、傷を負った二人の杣《そま》が発見されました。木で負傷したのではない、野伏《のぶし》に襲われたと二人は言いました。山屋敷跡に来た横山の者と名乗る、供もいない娘を、危険だから集落まで送ろうとした矢先に、娘の跡をつけてきた男数人に襲われ、斧などで闘ったが、娘は攫《さら》われてしまったと言います。野伏は甲府へ行く話をしていた、とも。

上野原の人たちは驚き、横山の縁者ならと相模原へ急報しました。しかし館の姿はすでになく、報告する先がありません。戸惑いのうちに日が過ぎ、やがて不幸な娘のことは忘れられていきました。

立ち塞がる者は奈落《ならく》へ屠《ほふ》り、寄り添う者も不幸へ追いやらずにはおかなかった者、今は何ができるとも見えぬ肉塊は、暗闇に閉ざされ土車に乗せられ、ただ黙々と運ばれます。

土を運ぶ車なら誰も只《ただ》では曳きませんが、施行《せぎょう》の車なれば曳く手に事は欠きません。相模川河口から絶えることなく人手が連なり、土地の者と旅人とが交じり合い、曳き合い引き継ぎ、小田原から次第に山路に入ります。湯坂道を尾根《おね》伝い、湯本から箱根への急坂は二子山と駒ヶ岳の鞍部《あんぶ》を通り、曽我《そが》兄弟、多田満仲《ただみつなか》の墓を過ぎ、身の丈《たけ》一丈《いちじょう》の六道地蔵など数限りない石仏や磨崖仏、賽《さい》の河原《かわら》など名も恐ろしげな箱根地獄の只中を、称名の声も高く、息せききって過ぎていきます。

その間の餓鬼阿弥はまるで土車に根を生やしたように、蠢きはすれど、位置を変えるほどではありません。夜は宿の軒下に留め置かれ、天気が崩れ人が動かなくなると、数日の間、同じ宿で過ごすこともあります。寒空を案じて衣を着せる者があり、土器に水を汲み餅を置く者もいます。でも飲食の気配はなく、ただぬめぬめと蠢くのみです。

いつしか餓鬼阿弥の道行は、口から口へと広く伝わりよく知られ、中には逆向きに、迎えに来て曳く者もおりました。

土車の進路は北へ南へ時に東へ、年を越えて行きつ戻りつ、箱根山中だけでひと月余りを過ごしました。あたかも曳く人が、自分自身により厳しい労苦を課し、餓鬼阿弥とともに懺悔《さんげ》し修行しようと志すかのようでした。

その噂が清浄光寺に届くと、太空上人はこれではならじ、施行の一行には懺悔だけでなく発願《ほつがん》も手解《てほど》きせねばなるまいと、一人の弟子に命じ、後を追わせました。

土車は御殿場《ごてんば》を越えて富士詣《もうで》、そこで清浄光寺の僧が追いついて行方が定まり、春の雨に水嵩の増した富士川、大井川、天竜川と名だたる難所を越し、島田、菊川、佐《さ》夜《よ》の中山日坂峠、掛川、袋井畷《なわて》、見附《みつけ》の郷《さと》。さらに池田宿、三河八橋、鳴海、星が崎、熱田《あつた》大明神を曳き過ぎるうちに梅の季《とき》が過ぎ桜も散り、新茶が摘まれます。夏が来て、土車はようやく美濃の国、大垣の青墓《あおはか》の宿へさしかかりました。

一方、すべてを失った照手は、助重だけを心頼みに、ようやく上野原へ辿りつきました。しかし内に竦《すく》んだその心は、さらに酷薄な運命を我が身に招くことになりました。

寒空の下、心を宙に飛ばして歩く若い女を目にし、上野原で照手を襲ったのは、戦いですべてを失い、心荒《すさ》んだ男たちでした。彼らは戦いに破れて主君を失い、帰るべき家なく待つ者なく、ただその日の必要のため殺し、奪って生きています。欲望を満たすだけに生きている男たちは、若く気品を感じさせる女ひとりを手に入れると、物言えぬ心に構うことなく、思いのままに慰《なぐさ》みものとしたのです。

数日にわたって弄《もてあそ》び、やや飽きたところで別の欲を出し、殴れば動く女だと、捨て値で甲府の宿に売り飛ばしました。

売られた照手にさほどの外傷はありません。しかし絶えず震え、捕らえられた小動物さながらに、絶えず物陰に隠れます。時に大きく身震いするのは耐え難い痛みが襲う時、凌辱《りょうじょく》の記憶が甦《よみがえ》る時でした。その時娘の側にいる者には、彼女の身体の表面を痙攣《けいれん》が行き来するのが着物を通してわかりましたが、痛んでいるのはそれよりずっと奥の底、たましいとしか言いようのないところでした。

その痛みをから逃れようと、照手の精神は萎縮《いしゅく》しました。上野原を甦らせまいと、相模原の記憶をも押し殺そうとするのです。こうして照手のたましいは、次第に死に近づいていきました。

そんな照手をかろうじてこの世に結びつけてくれたのは、常陸《ひたち》という国の名でした。助重の口から語られた、常陸という遠い国の名が聞こえる時、彼女の苦痛はなぜか和らぐのです。

「ひたち、ひたち」

と幾度も低く口にして、彼女はようやく生命《いのち》を保っておりました。

古来この国の女性の立場は、こんな扱いを受けるものではなかったはずでした。倭《わ》の国の昔から、神の性《さが》は男よりも女に宿るとされ、婚儀も妻問《つまど》いが始まりで、女取《めと》りははるか後の世からに過ぎません。女性を尊ぶ気風は長い伝統に基づき、身なりや被《かぶ》り物で聖別《せいべつ》された女性が、鎌倉時代には未だ遠路を一人旅できたことが、絵巻や日記などによって知られます。

さらに時が過ぎ、嫁《め》取《と》られた女性は単なる出産と労役の担い手とされ、荒《すさ》んだ昭和十年代には『産めよ殖《ふ》やせよ』とまで政治に弄ばれますが、それは政治権力が祈《いの》りを離れ、暴力と手を結んでいるからです。殺す力を崇《あが》めるようになるまでは、この国の心はのびやかに正常なものだったようでした。騒乱の戦国時代を経て、女性の地位は次から次へと低いものとされていき、殺伐《さつばつ》とした現代につながります。

照手は欲望の波に翻弄されます。誰に対しても心を開こうとせぬ娘は買値がつかず、富士川を遡って甲府へ来た商人が、底値で買って諏訪《すわ》へ連れていきました。人手不足の越後《えちご》へ下る商人に、売りつけようと考えたのです。しかし諏訪で同宿した天竜川往来の商人が、照手に目をつけました。少し痩せすぎて風変わりだが、眼の光からすれば、気力さえ戻れば決して薄のろ娘ではないと、そう見抜いたのでした。

果たして照手は、姫川沿いを日本海へ下る商人に、思いのほか、高値で買われました。その商人は照手に言います。

「常陸の野育ちだと聞いたが、その器量なれば心がけ一つで流れの姫《ひめ》じゃ。今様歌《いまようウた》や今様踊りを習ったうえ、立派な着物をきて旨《うま》いものを食べ、殿方と遊んで暮らせる。優しい物言いと笑顔を、今宵《こよい》から心がけて練習せよ」

照手はそれを聞き、遊女に売られると知りました。もはや妻として添えぬ身ではあるものの、一度は助重と再会し、我が身を謝罪しなければ相済まぬと思っているのです。しかし遊女にまで身を落とせば、顔を合わせることも叶《かな》うまい……。

何としてもそれだけは避けなければと、照手は食を断《た》って抵抗します。商人は、これは何ぞ誓願《せいがん》でも立てた厄介《やっかい》な女だったのか、とんでもない代物《しろもの》を掴んだと、腹を立てたようです。

「湊《みなと》に着けば、佐渡《さど》・松前《まつまえ》へでも売ってやるぞ。言うことを聞かぬ女は逃げぬよう足の筋を断ち、一日一合の粟粥《あわがゆ》で昼は鳥追い、夜は魚鮫《うおさめ》の餌飼《えさか》いにもされようぞ。それでも聞けぬか？」

沈黙で応える照手に、商人は憎さが募《つの》ります。

「遊女館には水仕《みずし》の女が要り用じゃ。客をもてなす流れの姫七、八人を一人の水仕が賄《まかな》いで支え、大店《おおだな》では何人もの水仕の下にまたその下支えの水仕が要る。そうか、それほど情の強《こわ》い女なれば、いちばん辛い下支えの水仕を大店でも勤められよう。それも似合いじゃ。よし下支えで売るぞ。覚悟せい！」

照手は珠洲《すず》の岬《みさき》に売られました。しかし能がない、気働《きばたら》きがないと嫌われ、次々に加賀の小松、敦賀《つるが》の津、琵琶《びわ》湖岸《こがん》の長浜へと転売され、さらに美濃大垣は青墓の宿「万屋《よろずや》の君《きみ》の長《ちょう》」の手に渡りました。

万屋の君の長、遊女百人を使い殺すと名うての主《あるじ》は、三月《みつき》に一度は、魚青物《うおあおもの》の仕入れと同じ顔つきで人を買います。売り手の口上で常陸女《ひたちおんな》とされた照手は、「常陸の小《こ》萩《はぎ》」と命名されました。こうして、短い睡眠の時以外は腰も下ろせぬ半年余りが、照手の上を通り過ぎていきました。

六、死なねば生きる道はなし

物憂い夏の夕べ、照手が軒灯《けんとう》に火を入れていると、土車を曳いた一行が万屋に到着し、一夜の宿を求めました。一行は宿に入る前、車上の白衣に覆われたものを取り囲み、僧形《そうぎょう》の一人の発声で発願の文《もん》を唱和しました。

「願わくば弟子等《とう》、命終《みょうじゅう》の時に臨んで心顛倒《てんとう》せず心錯乱《しゃくらん》せず心失念せず。身心《しんじん》に諸々の苦痛無く、身心快楽《けらく》にして禅定《ぜんじょう》に入《い》る如く。聖衆現前《しょうじゅうげんぜん》したまい、仏の本願に乗じて阿弥陀仏国に上品往生《じょうぼんおうじょう》せん。彼の国に到り已《お》わって六神通を得《え》、十方界に入《かえ》って苦の衆生《しゅじょう》を救摂《くしょう》せん。虚空法界《こくうほうかい》も尽きんや、我願も亦是《またかく》の如し、発願し已《おわ》んぬ、至心に阿弥陀仏に帰命《きみょう》す」

翌朝客たちが出立し、片づけを終えて一息つくと、ようやく昨夜に見聞きしたことの意味が、照手の胸に届きました。

――餓鬼阿弥陀仏《がきあみだぶつ》とは呼び名も酷《むご》い。熊野詣《もうで》とはいえ軒下で夜を過ごし、ただ運ばれるだけとは何とはかないことか……。いやそうであっても、生命あるだけ頼もしい。もしも助重さまがあの方のようであっても生命あるのなら、私一人の手でも熊野へ曳き、湯浴《ゆあ》みでも何でもさせようものを。

さらに、昨夕に聞いた発願文の一節も思い起こされます。

――自分の命終の時も心が顛倒せず、錯乱も失念もせずにありたいが、助重さまのその時は果たしてどうであったろうか。可哀相に、あの感じやすいお心で、何を思われたことだろう……いや、今さら嘆いても詮方《せんかた》ない。ひと曳き千僧供養と書いてあったではないか。たとえそのひと曳きなりと餓鬼阿弥どのに施行し、助重さまに回向《えこう》して差し上げねばならない！

毎日の過酷な労働に苛《さいな》まれ、助重の生存を望む心も涸《か》れていた照手でしたが、心を取り直して宿の主に五日の休みを願いました。

一度として口を開かなかった水仕の下支えが心を覗かせたことに驚き、主の君の長はしばらく小萩の顔を眺め、言いました。

「おまえの様子では、気が触れるか早死にするか、どちらになっても不思議はないと見ていたが、半年よう保《も》った。しかし施行のために五日の休みとは、ようも吐《ぬ》かした……。よかろう。水仕ひとり弔う入目《いりめ》（出費）には多過ぎるが、今年は我が父親の十三回忌なれば、それが為の施行もせよ。それで言い分を聞き入れよう。命あれば戻って来い」

見目《みめ》よき女何人も殺して太ると評判の万屋の君の長ですが、にわかに不思議な情をみせ、五日分の食い扶持《ぶち》を小萩こと照手に与え、願いを許しました。

照手はその場から土車の跡を追い、彦根の手前で追いつきました。そこからの二日間、称名念仏の声をあげ、共に土車を曳きました。

――ハア、ひと曳き曳いたは千僧供養、南無阿弥陀仏、々々。

施行の合間の短い休息は、全員が発願文を称えます。この文は唐の善導大師《ぜんどうだいし》が定めた六時礼賛《ろくじらいさん》の中にあり、口称《くしょう》念仏で極楽往生を念ずる人が、欣求《ごんぐ》往生の心を確立するための修行です。しかも極楽を求めて念仏する姿と、苦の衆生を救摂するため極楽から還帰《げんき》した姿とは区別できぬことに気づいていき、念仏を称える身がそのまま往生の姿だと諒解《りょうげ》する、浄土仏教の核心の教えでもあるのです。

照手の施行三日目の昼過ぎ、餓鬼阿弥陀仏を載せた土車は鴨川と桂川が合流する鳥《と》羽《ば》の離宮の跡、城南神《じょうなんしん》の社殿の前に止まりました。しばらくして白衣に白の五条袈裟《ごじょうけさ》、熊野比丘尼《びくに》と思《おぼ》しき女性たちが集まり、中のひとりが歌うように、流暢《りゅうちょう》な音声《おんじょう》で呼びかけます。

「さぁて皆さま。ここは都の城南宮、熊野詣《もうで》は王子巡りの門出《かどで》の地でございます。この先は水場ごとに垢離水《こりみず》を取り、王子社《やしろ》ごとに報謝奉納、ひたすら十日ほど紀州の山路を辿って、熊野浄土へ詣でまする。目指すは本宮《ほんぐう》阿弥陀如来の西方浄土、那智《なち》は飛《ひ》滝観世音《ろうかんぜおん》の普陀落《ふだらく》浄土、新宮《しんぐう》薬師如来の東方瑠璃光《とうほうるりこう》浄土の三山。その間に地獄、餓鬼、畜生の三悪道《さんあくどう》、修羅人天《しゅらにんてん》合わせて六道輪廻《ろくどうりんね》の六凡苦界《ろくぼんくかい》を踏み越え、声聞《しょうもん》、縁覚《えんがく》、菩薩《ぼさつ》、仏《ぶつ》と、覚りの四聖界《ししょうかい》へ至るのでございます。合わせて熊野観心十界《くまのかんしんじっかい》の旅、出立《いでた》つ前に、こちらの絵解《えと》きをご覧なされ」

　しかし遊行寺の僧も練達《れんたつ》の念仏行者。熊野比丘尼の好きにさせてはおきません。

「いやいや皆の衆、この土車で施行された篤信《とくしん》の方々よ。この施行は余事《よじ》に非《あら》ず。いかなる因果《いんが》か餓鬼道を離れ、人界《にんかい》は相模川の流れに姿を顕《あらわ》し、得度《とくど》して餓鬼阿弥陀仏と取名《とりな》した鑵身鬼《かんしんき》を熊野湯ノ峰へ送り、再生称名させて極楽往生の本懐《ほんかい》を遂げさせんが為の行《ぎょう》でござる。清浄光寺遊行上人が我らに託されたのはそのことじゃ。それを忘れず行く先々で念仏踊躍《ゆやく》を修行し、熊野路をお通りあることこそ肝要《かんよう》なり。我らはすでに往生決定《けつじょう》の身なれば、念仏踊躍の功徳、この餓鬼阿弥をはじめ生類《しょうるい》すべてを扶《たす》けるは勿論のこと、我が身と我が身に縁あるすべての者の、来世《らいせ》のためになり申そう」

　車を曳いてきた僧が仁王立《におうだ》ち、比丘尼たちの勧誘を退《しりぞ》けます。観心十界で進むのか、はたまた念仏踊躍で行くべきか。さて、どちらの旅が充実しているか……。旅宿や食い物の魅力で決めるのとは全く無縁の、同じく浄土往生の道とは言え精進努力の念仏か決定報恩《けつじょう》の念仏か、どちらかを選ぶのかをもとにした旅路二者択一の対決、にわかに白熱しそうな雲行きですが、それ以上に照手には、「相模川」の一言が、ずしりと重く響きました。

——相模川に姿を現したと？……相模原で火に焼けた横山の誰かが、餓鬼道に堕ちたのか。

我が身の来《こ》し方を恥じ、照手は同行《どうぎょう》の誰とも言葉を交わさずここまで来ました。その上に罐身鬼という名も恐ろしく、車に掛かる白布の下を見たことはありません。しかし、今日はもう帰途を辿らねば、主の君の長に申し訳ないと律儀《りちぎ》に思えば、気がかりを確かめずに背を向けることはできません。

「申《もう》し、お坊さま。相模川に姿を現した餓鬼阿弥さまは、相模の人、あるいは相模で果てた人だということでございましょうか？」

「それはわからぬよ。相模に縁あってのこととは思えるが……それよりそなた、美濃青墓の宿から追うて来たという奉公人じゃな。相模に何ぞ、ご縁があるか？」

「はい、相模で人手に掛かった方のことが、心にかかってなりませぬ」

「そうか。それで美濃から施行して、城南宮で相模と結びついたとは、まこと奇《く》しき巡り合わせよ。しかしそなた、我が身を苦しめようと努めるようだが、それだけでは亡き人も浮かばれまいぞ」

「これは申し訳ございませぬ。何とか気を取り直し、供養を続けてまいります」

「苦行は無駄じゃ。悲しみのせいであろうが、亡き人を悲しみ我が身を苦しめても、先立った者は喜ばぬ。御身《おんみ》が生きねば、あの世で嘆かれようぞ……生まれたは生きるためじゃ。死ぬためでも殺すためでもないぞ。生き尽くし生き果てれば、必ず死して必ず甦《よみがえ》る。だが生き死にを繰り返すだけでなく、善き人と必ず再会したいと願うなら、阿弥陀仏を念じ続けなされ。幾世を重ねた後となろうとも、阿弥陀経に倶会一処《くえいっしょ》と誓われてある通りじゃ」

倶会一処の意を尋ねて「倶《とも》に一つ処《どころ》に会う」と聞き、思わず肩を震わせ、涙を落とす照手の様子に、時宗の僧は次のように言葉を尽くして誘いました。

「どうしても美濃に戻らねばならぬのなら、そこで年季の明けるのを待ち、いつか必ず熊野へ詣でられるのがよろしかろう。もし手込めて売られた身なら、逃げるのもまた生きる道です。それなら今、ここから匿《かくま》うのも時衆の道というもので、安心して身を任せられよ。女ひとりを元の家に戻すも、しかるべきところで生きる方途を立てるも、時衆のつながりでならば、さほど手に余ることではござらぬよ。いずれにしても熊野は再生の地なれば、湯ノ峯の壺湯で湯浴みして、元の晴れやかな身に戻り、亡き人の後生を祈って励まれるのがよく、その日の一日も早いように、努めなさるがよろしかろう」

道にしゃがみ込み、肩を震わせ続けながら照手は僧に手を合わせました。心は揺れに揺れますが、主の君の長の情《なさ》けに涙ぐんだのは、まだほんの三日前のこと。遂に照手は立ち上がり、血を吐くように念仏の一声を絞りました

「餓鬼阿弥どの……助重さま！　称名往生、南無阿弥陀仏」

そしてきびすを返し、青墓へと道を返します。

靄《もや》のような薄明かりが次第に明るさを増していき、閉ざされていた重い瞼《まぶた》がゆっくりと上下に分かれ、次いで耳朶《じだ》が、幾重にも折り畳まれた羊歯《しだ》の葉の開くように解《ほど》けます。しかし呼ぶ者の気配は、遠ざかっていくようです。

——ここは何処だ？　わしはいったい何をしている……？

意識が戻り始めた餓鬼阿弥陀仏ですが、呼びかけに応えようとして、身の自由が利《き》かぬことに気づきました。焦りとともに罠にかかった野獣さながらの、恐れと怒りが湧き上がります。ところが身体は全く動きません。かろうじて抑制が働いて落ち着きを取り戻し、呼びかけた声に耳を澄ませた時には、すでにその気配は遠く消えていました。

「餓鬼阿弥陀どの、出立じゃ。いよいよ熊野を目指そうぞ」

遊行寺の僧が一行を促し、土車が進み始めました。

——餓鬼阿弥陀、その名で何度も呼ばれたようだったが、我がことか……だがあの声には何の覚えもないが……。

動き始めた車には次第に人手が増え、勢いづきます。称名の声も盛んに下鳥羽を南下し鴨川、桂川が巨椋池《おぐらいけ》に流れ入る直前に川を渡り、広大な池を左に、人気のない葦原の土手道をひたすら駆けに駆けました。渡辺橋で再び川を渡り、九十九王子の一番目、窪津《くぼつ》王子に辿り着きました。踊躍念仏の熊野詣であるからには御幣《ごへい》奉納せず、心経一巻の経供養の他はただ称名念仏供養のみを勤《つと》め、沿道の人々の合力助力《ごうりきじょりょく》を受けながら一日目を終えました。

目覚めに近づく餓鬼阿弥陀仏を載せた土車は、四天王寺、阿倍王子、住吉大社から境《さかい》（堺）王子と駆け続けに駆け、信太《しのだ》、池田、近木《こぎ》の各王子社を過ぎて海辺を離れ、次の日は南に下って紀伊川（紀ノ川）を渡り、再び海辺近い藤代《ふじしろ》王子に至ります。ここは実数が約八十はある王子社の中でも別格の五体《ごたい》王子社の一つ、規模の大きな社《やしろ》です。集まった近在の人たちとともに、施行の一行は社殿の前で踊躍念仏に時を忘れ、そのあと皆は泥のように眠りました。

五更《ごこう》(朝4時)を過ぎ、目覚めた時衆僧は社殿の外に出ました。涼風を楽しんだ僧は、ふと何かの気配を察知したか、土車を凝視しながら近寄り、白布をめくりあげました。

「餓鬼阿弥どの、意識を戻されたか？」

血塗れの肉塊と見えた物のあちこちの膨《ふく》らみが、今や頭と見え四肢と見え、人らしく見分けられそうな気がします。とはいえ生まれたばかりの赤子よりも曖昧《あいまい》な有り様ですが、語りかける僧に、心を向けているようにも思えます。

「いずれこの時があるやもと、師僧はそれがしをここに送りました。今は時衆のひとりですが、もとは侍です。如何なる事があっても、御身を湯ノ峰までお守り申す。ご案じなさるな」

僧はそう語り、付け加えて言いました。

「ですが、しばらくはこれまで通りとします。奇瑞《きずい》が顕《あらわ》れたと知れば、喜び騒ぐ者もいるかしれず。それがために道行《みちゆき》が滞《とどこお》れば一大事。湯ノ峰までは、今まで通りで辛抱されよ」

再び白布で車を覆い、僧は合掌し別願和讃《べつがんわさん》を称えます。

「身を観《かん》ずれば水の泡《あわ》、消えぬる後は人もなし。命を思えば月の影、出で入る息にぞ止《とど》まらぬ。人天善所《にんてんぜんしょ》(生き続けたい善きところ)の質《かたち》をば、惜しめどもみな保たれず。地獄鬼畜《じごくきちく》の苦しみは、厭《いと》えどもまた受け易《やす》し……」

僧は社殿に戻りました。そして次の二日間、何事も無かったかのように海沿いに南部《みなべ》を越え田辺《たなべ》まで下り、そこからいよいよ本格的な山道に入ります。後年、海沿いに新宮まで辿る大辺路《おおへち》が開かれ、当時の道筋は今は中辺路《なかへち》と呼ばれますが、この頃すでにほとんどが、石畳や階段で整備されていました。

ところがその道を、土車が進めなくなりました。富田川《とんだ》を遡ってこんか坂まで来ると、人の力では車を越させることがどうしてもできません。途方に暮れる施行人たちに僧が言いました。

「ここからは背負子《しょいこ》で背負《せお》うて行こうぞ！」

木を切って背負子を組み、餓鬼阿弥の身体がそれにくくりつけられました。しかし車上で全身を覆われていたのとは異なり、布の間から所々が見えるその姿はさすがに恐ろしく、傍に近づくことはおろか、正面から見る者もおりません。その様子を見て取って、僧は皆に言いました。

「施行の衆よ。ようこそここまで合力くだされた。清浄光寺の上人に代わって御礼申す。だがここからは、二人並んで進むことも叶わぬ難路、餓鬼阿弥どのを背負うは皆さまには無理じゃ。それ故この後は、不肖《ふしょう》なれど愚僧《ぐそう》がお引き受け申すにより、皆さまはこの場で称名し、前途に力添える心にて見送り給え」

僧が背負子を背負い立つと、餓鬼の大きな肉塊から長い足のようなものが垂れ下がり、皆の口から嘆声が漏れます。僧は施行の衆に向かって一礼して背を返し、人々は膝を地につけ、合掌称名して見送りました。背負子が木立の向こうに消えてもなお、称名の声は止むことがありません。

吐く息荒く目を怒《いか》らせ、歯嚙《はが》みし、僧は川沿いの急坂を這《は》い上がるように進みます。我が身一つが越し難い山坂を歩き続けると、木立の中にひときわ高雅な社殿が見えてきました。五体王子の一つの滝尻《たきじり》王子です。すでに夕暮近く、社殿は薄暗さに包まれています。拝殿の宿泊所に背負子を下ろし、そこに蹲《うずく》まる人影を見た僧は声をかけました。言葉少なに応《こた》える相手の姿を見て、さすがに僧も驚いたようでした。

「そなた、盲人か？　お連れの方々はどうなされた？」

聞くと湯ノ峯での視力回復を願い、自ら施行の車を勧進《かんじん》して播磨《はりま》から田辺まで来、そこから足弱《あしよわ》の参詣者と連れ立って歩いたが、足を痛めてすでに二日間、ここで養生しているとのことです。そして食べ物を施《ほどこ》してもらいたいと言いました。

「もちろん、それがしの分をお分けします。だがこの足の様子では、湯ノ峰を目指すとはいえ当分の間は動けませんぞ」

話をしながら、僧は手早く火を焚いて竹筒の水を温め、乾飯《かれいい》をそこへ入れました。折半して盲人にも与え、二人で食べようと促しますが、相手は食べません。不審に思った僧が手を止めると、盲人が餓鬼阿弥をふり返ってから言いました。

「この方もひもじいようですが、わたくしが頂戴すれば、足りぬのではありませんか？」

「そなた、それがしの連れがわかるのか、空腹をなぜ知るか？」

餓鬼阿弥を背負って来たことすら口にはしなかったのにと、僧は驚きました。しかし餓鬼阿弥が食べ物を求めているのは確かだと、なぜか盲人は、確信を持つかのように言います。半信半疑の僧が、餓鬼阿弥の口と思《おぼ》しきところへほとびた乾飯を入れると、咀嚼《そしゃく》するように口が動き、やがて食べ物が飲み込まれたようでした。

——盲目の故に、感覚が研《と》ぎ澄まされたのであろうか？　だがこれほどの鋭さに至るとは、我が修行ではとても及ばぬ！

五体満足で至りきらぬが並の人間、満たぬところあってはじめて並を凌《しの》ぐと言うが、これこそその実際の例であろうと、僧は内心大いに、盲人の境地《きょうち》に感服したのです。

その夜焚き火を前の物語に、僧は盲人に自分の身の上を語りました。十年ほど前、鎌倉府に仕える御家人であった時、同僚の一人が主君である鎌倉公方《くぼう》に従わず、公方の命《めい》を受けた自分は、その同僚一族を子どもに至るまで不忠の者として誅滅《ちゅうめつ》した。しかし人として武士として、相手のほうが主君や自分たちよりはるかに清廉《せいれん》であることは明らかであったので、自分は気を病み生きる力を失い、遂に武士であることを捨て鎌倉を離れた。しかしどこへ逃れても我が心からは逃れきれず、時衆《じしゅう》に加わるよりほかなかったが、称名によってようやく苦しみを離れた、と。

僧は丁重に、明日からの施行を盲人に申し出ました。まず餓鬼阿弥を一行程《いちこうてい》先へ背負い、引き返して盲人を背負い、餓鬼阿弥のさらに先へ一行程進み、また引き返して餓鬼阿弥を一行程先行させる。こうして二人を、湯ノ峰まで連れていくと申し出ました。盲人は喜んで、その申し出を受けました。

朝早く僧は、餓鬼阿弥を背負子に載せ、滝尻王子を出ました。社殿の裏手すぐ上の巨岩の胎内くぐりを経て、剣山と呼ばれる急峻《きゅうしゅん》を一挙に越えねばなりません。今までとは比較にならぬ険しい登攀《とうはん》、まさに鋭い利刃《りじん》を踏んでいくような山越えに挑み、一刻《いっこく》ほど経て、ようやく滝尻王子に戻って来ました。

盲人に背負子に坐し給えと勧めると、盲人は一旦は座ろうとした背負子から急に離れ、別の背負子を使わせてくれと言います。餓鬼阿弥の座ったものからは腐《くさ》れ肉の臭いが立ち、どうしても辛抱ができぬと言うのです。

背負子に汚れはなく、餓鬼阿弥の身体は土車に乗って以来布で包まれ、その布は時に応じて洗って取り替えられ、それまで臭いを問題とした者は誰もいませんでした。耐え難い臭いだと重ねて訴える盲人の顔をまじまじと見つめ、時宗僧は黙って立ちつくしてしまいました。しかし施行を申し出たのは自分のほうからです。止むなく即席の背負子を造ろうと、僧は社殿の裏側の木立に入りました。

最初の揺れはその時でした。突風に煽られたように木々が激しくざわめき、次の瞬間、立っておられぬほどの、激しい大地の揺れが襲ってきました。揺れが収まり、急いで木立を出ると、社殿の周囲の敷石が乱雑に捲《まく》れ上がっています。建物に異常はないようですが、正面参道に並んだ十基ほどの大小の石灯籠がすべて倒壊し、その大きな一つの陰に人体が見えました。背負子を待つ盲目の巡礼者です。巨大な灯籠の火《ひ》袋《ぶくろ》石が盲人の頭部を直撃し、一人の力で除《の》かせそうにありません。頭はすでに砕けて助かる見込みはなく、僧は片手で死者に拝礼し、直ちに道を返しました。今や気がかりは餓鬼阿弥です。

——何たること、せっかく縁を結びながら、称名を勧《すす》めもせぬうちに死なせてしまった。誠に申し訳ないことをした……。

ひたすら称名し、激しい揺れの後の胎内くぐりの危険を思う暇《いとま》もなく走り抜け、ただ先を急ぎます。

ようやく餓鬼阿弥を凭《もた》せかけておいた大樹に近づいた時、再び大地が激しく揺れました。四つ這いとなり立ち上がり、また手を着いて這い、僧は叫びました。

「餓鬼阿弥どの、大事なきか。称名されよ、称名されよ!」

揺れが収まって傍に辿り着き、僧は餓鬼阿弥が自らの身体を支え、倒れずに身を起こしているのを知りました。

「おお、身体に力が戻ったような。明日こそ湯ノ峰で湯浴みが叶うぞ。だが昨夜、そなたの空腹に気づいてくれた巡礼者は、今の地震で亡くなられたのだ。まさしく無常は須臾《しゅゆ》の間なり。南無阿弥陀仏、々々々」

再び背負子に餓鬼阿弥を載せ、立ち上がりました。空が曇り、雨が降り始めます。黒雲が走り、風が木々を鳴らす中を逢坂峠《おうさかとうげ》を越え、大坂本王子《おおさかもと》、近露王子《ちかつゆ》まで来て雨が激しくなりました。近露とは、熊野詣の先駆《さきが》けを歩まれた花山上皇《かざんじょうこう》が、箸にしようと萱《かや》を切ると茎から赤い滴《しずく》が染《し》み、「血《ち》か露《つゆ》か」と供奉《ぐぶ》の者に言われたに因《よ》るといいます。戸数十に足らぬ小さな里、しかも数軒が地震で倒れていて、ようやく小さな小屋に宿を得ました。

湯と漬け菜《つけな》少々で、慌ただしい夕食を餓鬼阿弥の口に運び、とっぷりと暮れた闇の中に座した時、時宗の僧は消沈《しょうちん》していました。

驚くべき意志と直観の力、神通《じんつう》とも思しき能力を発揮することもありながら、感覚器官の働きに引きずられて煩悩に従い、瞬時に命を失った盲人を思わずにはおれません。あの者の魂魄《こんぱく》は、今は六道の何処《どこ》にさまようのか。

時宗僧は身じろぎもせず思いに耽《ふけ》り、暗闇の中で向き合う餓鬼阿弥は両眼を開き、静かにそんな僧の様子を眺めます。

――この者は守るべき者を死なせたと悔やむようだが、わしも同じだ。いや、同じとは言えぬ。わしは大切な者を、わざと死地へ引き込んだ。

背負子の揺れが、自分の足で歩む如き律動を餓鬼阿弥の脳髄《のうずい》に伝えたか、おぼろだった意識が次第に明瞭となり、途切れ千切れの散乱の記憶がようやく現在とつながり始めています。背負ってくれる者の姿を、今は目の前に見ることができるようになりました。だが気がかりな者たちの姿は誰ひとり見えません。小栗庄に残した者、饗庭たち十人の郎党、そして照手……。狂おしいものが込み上げます。

ふと我に返って向こうの僧がこちらの気配《けはい》をはかると知り、それとともに餓鬼阿弥は、こちらに向けて凝らす相手の思念を受け止めます。

『餓鬼阿弥どの。果敢《はか》ないこの世に、何か仕残したことがおありか。気がかりは何なのか……』

『それがしはもと小栗助重と名乗った侍、地獄にいるべき者……』

言葉なく身じろぎすらない瞬時のやりとり。やがて板壁の隙間から夜明けの光が滲《にじ》み入り、大地が振動し、風雨荒んだ一日が過去のものとなりました。今日はどうやら晴れるようです。

十劫正覚衆生界《ジッコウショウガクシュジョウカイ》
一念往生弥陀国《イチネンオウジョウミダコク》
十一不二証無生《ジュウイチフニショウムショウ》
国界平等坐大会《コッカイビョウドウザダイエ》

十劫《じっこう》の仏の修行と覚りが、今現在の人の世に及び、
ただ一度の念仏で極楽浄土へ往生ができる。
十劫の修行と一回の念仏に相違はないと仏は証し
仏の世界と人の世に、教えに何の相違もない。

朗々たる声で十一不二《じゅういちふに》の偈《げ》を称え、時衆僧が夜明けの道を歩きます。それに合わせて背中の餓鬼阿弥の、並外れた体躯《たいく》も揺れて行きます。

「持つものをすべて捨て、妻子も捨てるは我が命を捨てること。捨て聖《ひじり》一遍はそこから称名されたのだ。生きながら死に、死ぬことによって生きられた。お主はあるいは我が祖師の、極楽世界からこの世に戻る還相回向《げんそうえこう》の姿を我に見せようと甦ってくれたのか。まだ極楽への往相回向《おうそうえこう》も叶わぬ身で、祖師の似姿《にすがた》を熊野へ背負うとは、これぞ

真の仕合わせじゃ」

時宗僧は歩きつつ、自分の思いを絶え間なく言葉として発します。一方の餓鬼阿弥に未だ声はなく、もっぱらの聞き役を勤めます。

発心門《ほっしんもん》王子を前に、僧は道を赤木越《あかぎご》えに取りました。発願の文を何度か称え、それから黙して登り、また声を発します。

「発願文を称うれば死ぬより他に生きる道なしと覚《おぼ》ゆるが、しかし餓鬼阿弥どの、我らまだなかなかに、死んだ身にはなりきれぬのう」

歩みにつれ、背中の餓鬼も頷《うなず》きながら行くようです。このようにして二つの影は次第に熊野湯ノ峰へ、川中に湧く再生の湯を目指し、よろめくが如く歩みを進めていきました。

おわり

あとがき

物語でたどる仏教の世界３「死んで生きる物語」の１２篇の物語は、いずれも平成二十八（２０１６）年から令和二（２０２０）年にかけて、月刊「大法輪」誌に掲載したものです。１、２巻に収めた作品に続き、ブッダの覚りが解き明かした宇宙と生命との関わりや人間のありようについて、物語の形式で伝えるべく書き続けたものから選び出しました。

寺の長男に生れながら、私は小学校高学年で法衣のまま同級生と取っ組み合いの喧嘩をしたり、大学進学や就職では師僧に逆らって、後継に擬されることに反発するような人間でしたが、父の平静穏和を崩すことはできず、公立小中学校に三十二年勤めた後、住職も三十年勤めました。

その師僧が九十歳になる平成四年、檀家からの要望によって総代会が三度目の五重《ごじゅう》相伝会《そうでんえ》の開催を要請し、師僧は私に住職交代を打診しました。五重会導師の激務を知るだけに押しつけて放置はできず、私はやむなく交代を即答し退職を決め、五十四歳で住職を交代しました。

荒れる学校に勤務し、多発する家庭崩壊とその背後の社会の不安定、教職員組合活動では民主主義を圧殺しようとする教育政策に直面し、仏陀の教えの大切さを常々痛感していましたが、一方で個人的に問いかけられることのあった、束縛としての檀家制度への批判は、生活する者の真っ当な感覚だと思え、それらへの対応には宗乗《しゅうじょう》（一宗派の教義）だけでは無力だと感じ、住職の任につくには、仏教を根本的に学ぶ必要があると感じていました。学びを深めるにはそれを伝える相手がいるに如かず、寺報の発行を予め心に期し、父が読み続けていた「大法輪」誌と書店で出会った「在家仏教」誌の講読と共に、増谷文雄、中村元両博士の著作や仏典の翻訳を中心に、広く仏典に親しもうと努めました。退職金でデジタル輪転機を購入し、学校勤務で使い慣れたワープロで、一年後から寺報を発行し始めました。以後三十余年、健康を損ねて住職を辞すまでの間を、仏教の視点から社会事象を取り上げ、仏教の基礎事項を解説し、仏教に関わる物語を書き続けてきました。

私を育てた師僧は現役住職の頃から寡黙であり、組寺の僧侶たちが一堂に会する盆施餓鬼《せがき》や法然上人の御忌会《ぎょきえ》などの席で話がはずんでもほとんどは黙っている人でしたが、伝統の法式《ほっしき》や作法などについて、他の僧侶方が師僧に確かめるような物言いをされることが多く、壇林《だんりん》寺院で修行し本山での随身《ずいしん》も長かった師僧は、宗派の正統を受け継ぐ人と見なされていたように思います。しかし住職を退いて本堂の見える庫裏《くり》の奥の一室に籠もると、時に筆を持ちあるいは書見し、また仏壇に向かって読経し、しかし寺に口出しすることは、遂に一度もありませんでした。寺報は発行するたびに必ず手渡しましたが、意見や批評らしき言葉を聞いたことがありません。ただ読んでくれている事はわかりました。

私は小学五年生で得度した後、師僧から読経の手ほどきを受け、以後の本堂での勤行《ごんぎょう》や作法は、見覚え聞き覚えのことだけでやっていました。自分が質問しなかったから何の説明もなかったのだと思っていましたが。そうではなかったのだと、今はようやく師僧の思いがわかります。もともと説明するとか手をとって教える意図がなかったようで、七条袈裟の被着を練習した時に、見かねたか手を添えてくれた記憶がありますが、指示は常に一言でした。自分を見せるだけの日々が重ねられていたようで、一度だけ「恥ずかしい思いをするまでは、何事も身につかぬものだ」と、独語の口調で言われた一言が、今も耳に残っています。

仏道は釈尊以来、薫習《くんじゅう》とよばれる伝授を大切にしてきました。弟子が師の行動を見習い、習慣として受け継ぎ、それによって仏道の心を形成していく事を目指す授受のことです。師僧の思いがそこにあったのは、今としては明らかで、小中学生だった私への接し方は、自らがその師から受けた、師資相承《ししそうしょう》の場の再現だったと思われます。

そのお蔭を受けての住職三十余年でしたが、後継者の急逝に遭い、自らも病を得て住職の任に耐え得なくなりました。そこで組寺の和尚たちの尽力により、親の称名《しょうみょう》の姿によって発心したという、得難い資質の人を後継に得ることができて、寺を離れるに至りました。現在は毛坊主の古語の如く、蓬髪のまま市井に素心居を構え、素心老人として仏教に縁ある物語を書き続け、気力続くうちに生身釈迦如来像渡来縁起最終段を、何とかして書き終えたいものと念願しております。

人工知能やデジタル化もあり、大きな格差と不公平の下ではあるが、識字率高く誠実に努める民族性によって、物資豊かに確実性の高い機構を備えた、かつてない楽土を実現したとも見える現代日本の社会です。

しかしその傍ら、偽《いつわ》り貶《けな》し誑《たぶら》かして心を満たす、悪徳の時代到来とも見えます。液晶面に浮かぶ具象を見て楽しみ情報を得れば事足るとし、抽象から思考を喚起しようとする文字は持て余され、自己の精神を磨き研ぎ澄ます努力は、次第に忘れ去られるか……。物質に充たされれば自己完結する世界に閉じこもる人々、過去を語る歴史の何処にも類例のない時代が幕を開いたのかも知れません。

人の心に平安をもたらすべく、紙に捺染された経典の文字に触発され、読み返し読み込み読み減らすほどにして、己が心の奥底を魂の深みにまで降りて行かれた祖師方の学びを思い、仏教説話を豊かにする一助となることを念じて努め、余生を学びのうちに終えたいと願うところです。

令和六年十二月　　　　　　素心居にて　素心老人（山口　辨清）

山口　辨清（やまぐち・べんせい）

昭和 12（1937）年、奈良県に生まれる。
龍谷大学文学部哲学科卒業。
奈良県内公立学校教職員及び浄土宗西山派寺院の住職を歴任。
現在は奈良市内素心居に居住し、ホームページを主宰。

［主要著書］
『観世音菩薩西国三十三所霊場 ―ご詠歌でたどる巡礼のこころ―』
『物語でたどる仏教の世界①　大いなる道』
『物語でたどる仏教の世界②　たましいを量る』
（大法輪閣）

物語でたどる仏教の世界③　**死んで生きる物語**

2025 年 3 月 13 日　　初版第 1 刷発行

著　　者　山　口　辨　清
発 行 人　石　原　俊　道
印　　刷　亜細亜印刷株式会社
製　　本　東京美術紙工協業組合
発 行 所　有限会社　大　法　輪　閣
〒 150-0022 東京都渋谷区恵比寿南 2-16-6-202
TEL 03－5724－3375（代表）
振替 00160－9－487196 番
http://www.daihorin-kaku.com

カバーイラスト：飯野　和好
編集協力：髙木　夕子
装幀・レイアウト：クリエイティブ・コンセプト

　ISBN978-4-8046-1454-0　C0015